Découvrez l'histoire
par les archives
de presse
RETRONEWS
Le site de presse de la BnF
SE CONNECTER
S'ABONNER
Au quotidien
Par époque
RECHERCHE AVANCÉE
Rechercher parmi 3 siècles de presse en ligne
NAPOLÉON
LAMARTINE
BASTILLE
VICTOR HUGO
AF452511
RETRONEWS
Le site de presse de la BnF
www.retronews.fr

Almanach

DES

Spectacles,

Pour l'An 1822.

Contenant une notice sur les principaux théâtres de Paris depuis le commencement du dix-neuvième siècle ; l'histoire de l'origine et de l'établissement de chacun de ceux qui existent aujourd'hui : personnel, répertoire, pièces nouvelles, débuts, etc. etc. ; principaux théâtres de France et de l'étranger ; jardins, établissemens publics de tout genre ; prix des places, etc., etc.

Ouvrage utile aux étrangers et à toutes les personnes qui fréquentent les spectacles.

PARIS,

CHEZ J.-N. BARBA, LIBRAIRE,

Palais-Royal, Galerie du Théâtre Français, n. 51.

PIÈCES NOUVELLES

qui se trouvent chez J.-N. BARBA.

Le Paria, tragédie en cinq actes et en vers, avec des chœurs, par M. Casimir Delavigne, représentée sur le Second Théâtre Français, le samedi 2 décembre 1821. Prix : 4 fr. Il en a été tiré quelques exemplaires sur beau papier vélin, dont le prix est double.

Du même auteur.

Les Vêpres Siciliennes, tragédie en cinq actes et en vers, troisième édition. Prix : 3 fr.

Les Comédiens, comédie en cinq actes et en vers, 3.me édition. 3 fr.

Les Messéniennes, 3 fr.

Pièces de M. Lemercier, *de l'Académie française.*

Louis IX, tragédie en cinq actes et en vers Prix : 2 fr. 50 c.

Frédégonde et Brunehaut, tragédie en cinq actes et en vers. 3 fr.

La Démence de Charles VI, tragédie en cinq actes et en vers, deuxième édition. Prix : 2 fr. 50 c.

Agamemnon, tragédie en cinq actes et en vers, quatrième édition. Prix : 2 fr.

ALMANACH

DES

SPECTACLES.

IMPRIMERIE DE HOCQUET.

AVERTISSEMENT.

L'Almanach des spectacles de Duchesne et ceux qui y ont fait suite, ayant cessé de paraître, on croit utile de publier celui-ci. Pour lui donner une forme complette, on a jugé à propos de remonter jusqu'à l'an 1800, et l'on offre, dans une notice succinte, tout ce qui peut intéresser la curiosité des amateurs et les dispenser de recourir aux recueils précédens.

La nécessité de paraître dans les premiers jours de janvier, a empêché d'exposer le travail des théâtres pendant le cours de décembre 1821 : ce mois sera ainsi rejetté d'une année sur l'autre, à l'avenir; mais pour éviter l'incohérence, on le présentera à part ; il occupera désormais la place où se trouve , cette fois, la notice sur le commencement du siècle. Il en sera de même des reclamations qu'on pourrait avoir à nous faire ; nous les offrirons à part et dans un article spécial. On est prié de les adresser à J. - N. BARBA , libraire au Palais-Royal, derrière le Théâtre Français , n. 51 , et de les lui faire parvenir , *franc de port* , avant le 1er octobre de chaque année.

ACADÉMIE ROYALE DE MUSIQUE.

Balcon,	10 fr.	» c.
Orchestre, Premières, Secondes en face,	7	5o
Secondes de côté, rez-de-chaussée troisièmes en face,	6	»
Troisièmes de côté, quatrièmes en face,	4	»
Parterre, amphithéâtre des quatrièmes, cinquièmes loges,	3	6o

THÉATRE FRANÇAIS.

Premières loges, orchestre, balcon,	6	6o
Premières galeries, deuxièmes loges.	4	4o
Troisièmes loges, loges du ceintre,	3	6o
Parterre,	2	2o
Deuxième galerie,	1	8o

OPÉRA-COMIQUE.

Premières, orchestre, balcon, rez-de-chaussée, premières grillées,	6	6o

iv

Premières galeries,	4	5o
Troisièmes,	3	6o
Quatrièmes loges, secondes galeries,	2	75
Parterre,	2	20
Troisièmes galeries,	1	65

SECOND THÉATRE FRANÇAIS.

Orchestre, premières loges, deuxièmes loges en face,	6	»
Deuxièmes loges, rez-de-chaussée, balcon des deuxièmes,	5	»
Galeries des premières,	4	»
Troisièmes loges, galeries des deuxièmes, balcon des troisièmes,	3	»
Parterre, galeries des troisièmes,	2	25
Amphithéâtre des troisièmes,	1	5o

THÉATRE ITALIEN.

Balcon des premières	7	5o
Orchestre, premières loges, deuxièmes en face,	6	»
Deuxièmes loges, rez-de-chaussée, balcon des secondes,	5	»
Galeries des premières,	4	»
Troisièmes loges, galeries des		

deuxièmes, balcon des troi-
sièmes ,   3   »
Parterre , galerie des troisièmes,   2   25
Amphithéâtre des troisièmes,   1   . 50

THÉATRE DU VAUDEVILLE.

Avant-scène des premières et des
    baignoires ,   5   »
Premières loges et balcon ,   4   »
Secondes ,   3   »
Troisièmes,   2   25
Baignoires, galerie des premières
    et orchestre ,   3   50
Parterre ,   1   65

GYMNASE DRAMATIQUE.

Premières loges de la galerie,   4   »
Avant-scène , balcon , stalles ,   5   »
Baignoires, premières galeries,
    orchestre ,   3   50
Parterre ,   1   75

THÉATRE DES VARIÉTÉS.

Premières, orchestre, rez-de-
    chaussée , secondes fermées en
    face ,   3   50
Secondes de côté ,   2   40

PORTE SAINT-MARTIN.

Avant-scène du rez-de-chaussée, 1er et 2me rang, loges grillées, id., balcon du 1er rang,	4	»
Balcon du 2me rang, avant-scène des secondes, loges de côté, 1er et 2me rang,	3	»
Orchestre, galeries, Baignoires,	2	5o

GAITÉ.

Avant-scène et loges grillées,	3	6o
Premières de côté et deuxièmes de face,	2	4o

AMBIGU-COMIQUE.

Avant-scène,	3	6o
Premières loges,	2	4o
Pourtour,	1	8o

CIRQUE OLYMPIQUE.

Premières loges grillées,	4	»
Loges du rez-de-chaussée,	3	»
Première galerie,	2	5o

PANORAMA DRAMATIQUE.

Avant-scène et premières de face,	3	6o
Premières de côté.	2	4o

Des Théâtres de Paris depuis le commencement du dix-neuvième siècle.

A la fin de l'an 1800, Paris possédait dix-huit théâtres réguliers, sans compter les sociétés bourgeoises de *Mareux*, de la rue *Notre-Dame-Nazareth*, du *Panthéon*, des *Aveugles*, du *cul-dé-sac-des-Peintres*, de l'*Estrapade*, etc., etc.

Ces dix-huit théâtres étaient : l'*Opéra*, la *Comédie-Française*, l'*Opéra-Comique*, *Feydeau* (où les acteurs de l'*Odéon* alternaient avec une troupe lyrique), le *Vaudeville*, les *Troubadours*, les *Variétés-Montansier*, la *Gaîté*, l'*Ambigu-Comique*, la *Cité*, *Molière*, le *Marais*, les *Victoires* (rue du Bac), la *Foire-Saint-Germain*, *Sans-Prétention*, les *Jeunes-Artistes*, et les *Jeunes-Élèves*.

Les *Molé*, les *Monvel*, les *Dugazon*, les *Grand-Mesnil* et les *Contat* brillaient encore sur la scène française : les théâtres lyriques possédaient encore les *Rousseau*, les *Chéron*, les *Elleviou*, les *Maillard*, les *Dugazon*, les *Gontier* et les *Saint-Aubin*.

Une école dramatique existait près le Théâtre-Français : on en a fait depuis une annexe du Conservatoire de musique. D'habiles professeurs en tout genre y ont été attachés. D'où vient donc que nos grands théâtres n'ont fait que décroître et courir à leur ruine depuis l'époque dont nous parlons ? Pourquoi les encouragemens et les bienfaits dont le Gouvernement a été si prodigue, ont-ils déterminé si peu de sujets distingués à embrasser la profession de comédien ? parce que le Gouvernement a été mal informé par les gens auxquels il a demandé avis ; parce que, à l'exception du décret de 1807, qui réduisait le nombre des théâtres, il a pris généralement de fausses mesures, et fait tout le contraire de ce qu'il fallait ; parce que ce n'est pas avec de l'argent qu'on encourage les arts, et qu'on n'a donné que de l'argent aux comédiens ; parce qu'enfin on n'a su organiser que l'école de déclamation, qui est la plus inutile de toutes les inutilités, et qu'on a désorganisé la province, d'où les sujets remarquables pouvaient uniquement venir.

En signalant le décret de 1807 comme la seule mesure salutaire que le Gouvernement ait prise depuis vingt ans, nous avouons implicitement que l'officieuse augmentation de nos théâtres est pernicieuse ; et rien n'est plus vrai.

Une somme fixe est , chaque année , consacrée aux spectacles ; et depuis vingt ans , la différence ne s'est jamais montée à cent mille francs. Or , plus il y a de théâtres , plus la part de chacun doit être petite , plus ils doivent alternativement se ressentir de l'inconstance du public , et plus la misère doit les menacer. Aussi voyez quels efforts ils font tous ; voyez les décorateurs de l'Opéra prêtant leurs pinceaux aux théâtres du boulevard ; voyez les théâtres de vaudeville se disputant quelques sujets médiocres devenus importans par un caprice de la mode , et leur offrant des traitemens doubles de ceux de nos premiers acteurs ; voyez la comédie française abandonnée , et le mélodrame faisant effort pour y supplanter Racine et Molière; voyez l'Opéra-Comique en proie aux clairs-de-lune et aux transparens , et étonnez-vous que le petit nombre d'acteurs que le hazard forme encore , se tournent vers le vaudeville et la parade ; étonnez-vous que la jeunesse lettrée , qui autrefois alimentait la scène , effrayée de ce renversement des convenances et du goût , s'éloigne d'une carrière qui lui offre à peine un stérile laurier à cueillir. Cependant de nouvelles salles de spectacle se construisent encore , et dans quelque temps le mal sera encore plus grand, s'il est possible.

Au reste, même avec les huit théâtres auxquels le décret de 1807 nous avait réduits, il ne faut pas se flatter que les choses fussent revenues à un état beaucoup plus prospère.

Il faut un petit nombre de spectacles, pour que les spectacles se soutiennent; mais il faut que de jeunes talens s'élèvent derrière ceux qui ont atteint leur maturité, pour que l'art reste long-temps en possession de sa gloire. Or, ces jeunes talens, c'est chez la jeunesse studieuse qu'on les trouve, ainsi que nous l'avons déjà dit; chez cette jeunesse enthousiaste des lettres, des arts, et de tout ce qui frappe l'imagination et exalte l'âme par l'idée du bon et du beau. Toute mondaine dans son ardeur, elle pouvait autrefois passer sur l'anathême dont des prêtres fanatiques et intolérans frappaient les gens de théâtre. Louis XIV avait déclaré que leur profession ne dérogeait pas, et c'en était assez. Il faut être peu versé dans l'histoire des mœurs du siècle passé, pour ne pas savoir que les comédiens marquans vivaient dans une certaine familiarité avec les plus grands seigneurs.

Or, un jeune homme qui s'arrête volontiers

à la superficie des choses, pouvait se contenter de cette manière d'être, et éprouver peu de répugnance à embrasser le parti du théâtre, s'il se sentait appelé à s'y distinguer.

De quelle considération, même apparente, nos acteurs jouissent-ils depuis le fameux décret qui les a réintégrés dans tous leurs droits de citoyens ? sont-ils mieux traités par l'église? Nous ne rappellerons pas des scandales récens pour arguer du contraire : on sait ce qu'il en est. La société fait-elle autant pour eux que pour les autres citoyens ? Qui a remplacé *Molé, Monvel*, *Grand-Mesnil*, à l'Institut où ils avaient été appelés dès l'origine? L'art dramatique fait-il même partie de la classe des beaux-arts, dans cette corporation illustre ? Quel comédien, fameux dans sa profession, a obtenu la croix d'honneur pour récompense ? Aucun ! Et vous voulez qu'organisé avec prédilection par la nature, que perfectionné par l'étude et par la méditation (comme il est nécessaire de l'être pour faire un excellent comédien), qu'embrâsé de l'amour de la gloire et de l'estime publique, on aille se jeter dans la condition des parias ? Votre prétention est absurde : c'est vouloir à-la-fois être barbare, et jouir des agrémens de la civilisation.

Résignez-vous donc à n'avoir que des talens vulgaires, auxquels le besoin tiendra lieu de vocation, et l'instinct de goût et d'étude. Encore faudrait-il réformer le système que vous avez adopté pour la province : j'ajouterais même qu'il faudrait réformer le Conservatoire (la classe de déclamation, s'entend) ; car, pour prouver que le Conservatoire est inutile et la province intéressante, il ne faudrait que dire que les Molé, les Monvel, les Larochelle, les Dugazon, les Dazincourt, les Grand-Mesnil, etc. ; que les Batiste aîné, les Damas, les Lafon, les Joanni, etc., nous ont été donnés par la province ; et par le Conservatoire, MM. tels, tels et tels. Et en effet, la comédie ne s'enseigne pas : son essence, c'est l'inspiration. Or, on en est doué ou dénué par le seul fait de l'organisation qu'on tient de la nature, et les professeurs n'y peuvent rien. Quand on possède cette précieuse qualité, on en sait tout aussi long que ces messieurs ; quand on ne l'a pas, demandez au plus charlatan s'il sait quelque moyen d'y suppléer. La seule chose qu'on puisse acquérir au Conservatoire, c'est ce qu'on appelle le métier ; et la province le donne incontestablement mieux et plus vite.

Le grand cheval de bataille du Conservatoire,

c'est que *Talma* est élève de l'école de déclamation : nous en demeurons d'accord. Nous ne prétendons pas que les leçons détruisent l'inspiration chez les sujets qui en sont doués ; nous disons seulement que ces sujets n'ont pas besoin de leçons. Mademoiselle Mars , la parfaite Mademoiselle Mars n'en a reçu que de la nature. Son père , qui était bon juge dans une pareille question , refusa constamment de lui en donner. Si les grands talens n'étaient pas nécessairement aussi rares par les raisons que nous avons dites , nous pourrions céder quelque chose aux prétentions très-naturelles du Conservatoire ; mais malheureusement nous n'avons rien à attendre que du hazard , et nous pensons que la province y aiderait davantage.

Il est bien fâcheux que le coup d'autorité qui a réduit , en 1807, le nombre des théâtres de Paris, n'ait pas réduit, dans la même proportion , ceux des départemens. Quelque temps avant , on les avait organisés au ministère de l'Intérieur, et il est à croire que l'auteur de cette belle organisation défendit son ouvrage. C'est dans les bureaux de ce ministère qu'on nommait les directeurs (et qu'on les nomme encore); et comme rien n'est plus facile que d'intriguer dans les bureaux, des hommes, sans moyens d'ailleurs, en eurent assez pour se faire nommer. Ils portèrent, dans les troupes qu'on leur confia, la confusion, le désordre, l'insolent despotisme de *privilégiés*, et presque toujours la banqueroute en dernier résultat. Dans les départemens où il leur était enjoint de conduire deux troupes, ils en conduisirent une ; et ils vendirent, à de pauvres forains, le droit de les acquitter de la moitié de leurs obligations. Ils les asservirent à toutes sortes de redevances arbitraires, en sorte qu'ils avaient le plus clair des recettes, et les autres le travail et la misère.

On prétend que c'est encore la même chose aujourd'hui, à quelques améliorations près.

Personne ne se fit plus comédien par goût : la profession devint presque le patrimoine exclusif de ce qu'on appelle les *Enfans de la balle*, ou de pauvres diables qui n'avaient rien de mieux à faire. Les nombreuses sociétés bourgeoises dont nous avons fait mention, offrirent souvent la réunion de talens très-remarquables ; on en peut à peine citer deux qui se soient laissé séduire aux applaudissemens du public, l'un est *Ponteil*, qui joue aujourd'hui les premiers rôles du haut comique au théâtre de Toulouse ; l'autre, *Michelot*, dont le talent gagne et se développe tous les jours sur le premier théâtre de la nation, de façon à faire vivement regretter que son exemple n'ait pas été suivi par un plus grand nombre de ses compagnons de plaisir et d'études.

C'est dans l'intervalle dont nous venons de parler, que le mélodrame prit naissance. Rien ne pouvait être plus funeste au bon goût, ni contribuer plus puissamment à la ruine du théâtre. Le décret de 1807 n'affecta que deux théâtres à ce genre : aujourd'hui, nous en avons quatre; on nous en laisse même espérer d'autres encore, et la Comédie-Française se met sur les rangs. Ce n'est ni sa faute ni la nôtre.

Il ne nous reste qu'à donner un aperçu rapide du travail et de la situation de nos grands spectacles, année par année, depuis 1800, pour mettre le lecteur à même de juger si les moyens par lesquels on a entrepris de rendre l'art théâtral à son ancienne splendeur, étaient en effet les meilleurs que l'on pût prendre.

1801

L'Opéra, qui comptait encore dans le chant *Lainé*, *Chéron*, *Laïs*, *Adrien*, madame *Maillard* et mademoiselle *Armand*; et dans la danse : *Vestris*, *Saint-Amand*, *Deshayes*, *Branchu*, *Gardel*, *Goyon*, et mesdames *Clotilde*, *Gardel*, *Chevigny*, *Collomb*, *Chame* roy *et Delisle*, l'Opéra donna cette année : le ballet des *Noces de Gamache, Flaminius à Corinthe*, opéra en un acte, de MM. Guilbert Lambert, musique de M. Kreutzer et de Nicolo; *Astianax* et les *Mystères d'Isis*. MM. Martin, Julien, Deville, Monnier et Picard y débutèrent dans le chant, et Mlle Adeline dans la danse.

Molé, *Moncel*, *Talma*, *Fleury*, *Baptiste aîné*, *Damas*, *Dugazon*, *Dazincourt*, *Belle-mont*, *Larochelle*, *Michot*, *Grandmesnil*, Mmes *Raucourt, Contat, Petit*, (Mme *Talma*), *Mars* Cadette et *Devienne* soutenaient encore la COMÉDIE FRANÇAISE de toute la puissance de leurs talens réunis : ce théâtre donna, (par rang de date) *l'Amour* et *l'Intrigue*, comédie en cinq actes, en prose, de M. de la Martellière ; *l'Orphelin Polonais*, tragédie en cinq actes, de Lamontagne, *L'aimable vieillard*, comédie en cinq actes en vers, de M. de Favières, *Phædor et Waldamir*, tragédie en cinq actes, de Ducis; *le Confident par hasard*, comédie en un acte en vers ; *Défiance et malice*, comédie en un acte en vers, de M. Dieulafoi ; et la *Maison donnée*, comédie en un acte en prose, de M. *Duval*.

On remit *l'Orphelin de la Chine, Mérope*,

le Mariage de Figaro , *Le faux savant*, *L'amour et l'intérêt*, *le Joueur et le Philosophe marié*.

Mmes *Volnais*, *Bourgoin et Gros* débutèrent.

La scène de L'opéra-Comique possédait encore : *Philippe*, *Elleviou*, *Dozainville*, *Martin*, *Gavaudan*, Mmes *Gonthier*, *St.-Aubin*, *Carline*, *Dugazon et Gavaudan* (qui jouaient à Favart), *Lesage*, *Rezicourt*, *Dérubelle*. Mmes *Scio*, *Rolandeau et Desbrosses* (à Feydeau).

On donna à Favart : *L'habit du chevalier de Grammont*, en un acte; le *Grand deuil*, en un acte, paroles de MM. Vial et Etienne, musique de M. Berton; *Marcel*, en un acte, paroles de M. Guilbert de Pixérécourt, musique de M. Persuis; l'*Irato*; l'*Esquisse d'un grand tableau*, en un acte, Enfin, *Désirée* ou *la paix de village* aussi en un acte, et dont les auteurs gardèrent de même l'anonyme.

On reprit le *Tonnelier*, avec une nouvelle musique par Nicolo.

Feydeau joua la *Famille Savoyarde*; la *Bonne Sœur*, en un acte de Petit et Bruni; et l'*Etourderie*, en un acte, de MM. Vial et Quaisain.

MM. *Dumouchel* et *Leblanc* débutèrent à Favart, et Mlles *Mandelli* et *Latour* à Feydeau.

Les événémens remarquables de cette année, sont la double clôture des théâtres *Favart* et *Feydeau*, qui se réunirent peu de temps après ; l'ouverture de *Louvois*, sous la direction de M. Picard, celle de l'*Opéra buffa* au théâtre Olympique, rue de la Victoire, et celle d'un *Théâtre allemand*, à *la Cité*. Ce dernier établissement n'eut qu'une très-courte existence.

La *Petite ville*, le *Premier venu*, et *Du haut cours*, eurent le plus brillant succès à Louvois ; tout Paris courut voir *Cricri* et la *Pièce qui n'en est pas une*, au théâtre Montansier ; *Kokoli,* n'excita pas moins d'empressement à la Cité ; et au grand dam de l'art théâtral, le *Pèlerin blanc* eut cent représentations à l'Ambigu-comique.

1802.

Les travaux de l'Opéra se bornent cette année, à la mise en scène de *Sémiramis*, opéra en 3 actes, par messieurs Desriaux et Catel, de *Tamerlan*, aussi en 3 actes, par messieurs Morel et Winter, de *Delphis et Mopsa*, opéra en 2 actes, de Guy et Grétry, et du *Retour de Zéphire*, ballet en un acte, par messieurs Gardel et Steibelt.

On y a repris *Armide* et *Panurge*; et messieurs Rolland, Eloi, Bonnel, mesdames Lobé et Chollet ont débuté dans le chant et Coraly dans la danse.

La COMÉDIE-FRANÇAISE a monté *Edouard en Ecosse*, drame en cinq actes et en prose de M. Alexandre Duval, le *Roi et le laboureur*, tragédie en cinq actes de M. Arnault; *Juliette et Belcour*, comédie en 3 actes, en vers libres de M. Lombard; l'*Ami vrai*, comédie en un acte, en vers d'un anonyme et *Isule et Orovèse*, tragédie en 5 actes de M. Lemercier.

Elle a repris *Paméla*, *la Femme jalouse*, *le Bourgeois gentilhomme*, *le Philosophe sans le savoir*, *Cinna*, *Nanine*, *les Précepteurs*, *Marius*, *Venceslas*, *le Galant coureur*, *Oreste* de Voltaire, *Esope à la cour*, *l'Etourdi*, *l'Honnête Criminel*, *l'Homme singulier*, *Fénélon* et *l'Inconstant*; en outre, elle a fait gâter les *Originaux*, par Dugazon, qui y ajouta deux scènes ignobles et disparates, et *Sganarelle*, par un M. Mellinet, qui entreprit de faire disparaître du dialogue de ce charmant ouvrage, tout ce qui pouvait blesser la délicatesse de nos caillettes : il corrigea même le titre, et au lieu du *Cocu imaginaire*, il mit : le *Mari qui se croit trompé*.

M. Planton et mesdames Lecourt, Xavier, Joli, Duchesnois, Georges et Fontanier débutèrent.

L'Opéra-Comique donna *Mendoce*, en 3 actes. *Lisez Plutarque*, *Lisistrata* en un acte, une *Aventure de Sainte-Foix*, en un acte, l'*Antichambre*, (maintenant *Picaros et Diégo*,) en un acte, le *Retour inattendu* en un acte, une *Folie*, en 2 actes, la *Statue* ou la *Femme avare*, en un acte, la *fausse Duègne*, en 3 actes, de M. Dépinay et Dellamaria, le *faux Porteur d'eau*, en deux actes, le *Trésor supposé* (qu'on vient de reprendre au Gymnase ;) *Astolphe et Alba*, en 2 actes, la *Boucle de cheveux*, en deux actes, et *Michel-Ange*, en un acte.

On y reprit : *Beniowski*, *Aucassin et Nicolette*, *Zémire et Azor*, la *Rosière de Salency*, *Nina*, le *Jugement de Midas*, et *Bion*.

Mademoiselle Philis aînée se retira pour aller en Russie, et Baptiste rentra. Mademoiselle Lobé n'étant point restée à l'Opéra, débuta à Feydeau, où elle ne parvint pas non plus à se faire recevoir, quoique le public l'eût accueillie avec bienveillance.

L'Opéra-Buffa passa du théâtre olympique à la salle Favart, devenue vacante par la réunion des deux troupes d'Opéra comique à Feydeau ; le *théâtre Molière*, exploité par une société très-intéressante d'acteurs des départemens, ferma, et quelques mois après rouvrit sous le titre de : *Variétés nationales et étrangères* ; une nouvelle troupe d'élèves se montra à *Mareux* ; la *Cité* fut obligée de fermer à son tour, et quelque temps après une seconde troupe essaya encore d'y attirer le public, elle ne réussit pas, céda la place à une troisième qui ne fit pas mieux ses affaires, et mit la clef sous la porte comme les deux précédentes ; enfin, malgré ces clôtures et ces réouvertures qui ne promettaient pas une grande prospérité à un nouveau théâtre, celui de la *Porte-Saint-Martin* ouvrit cependant ; et grâces aux pièces à spectacle, et à une troupe assez bonne, il se soutint sans trop éprouver de pertes.

Les amateurs revirent cette année mademoiselle *Sainval cadette* : elle joua *Iphigénie en Tauride*, au théâtre olympique : l'infortuné *Beaulieu*, qui s'était autrefois distingué à la Cité, dans l'emploi des niais, reparut aussi cette année au même théâtre.

Saint-Amand se trouvant un jour indisposé, Duport fut requis de danser Zéphir à sa place ; il y enleva tous les suffrages, et jeta ce jour-là le fondement de la grande réputation qu'il se fit depuis.

Cette année est remarquable encore par la mort de mademoiselle Chameroy et par le scandale que le curé de Saint-Roch donna au public, en refusant d'admettre le corps dans son église ; par la mort de Molé, que la Comédie française ne put point remplacer, et par la continuation des succès du mélodrame. Le *Jugement de Salomon* et l'*Homme à trois visages*, firent fureur.

1803.

On vit à l'Opéra *Daphnis et Pandrose*, ballet en deux actes de M. Gardel, musique de Méhul ; *Mahomet II*, opéra en trois actes de messieurs Saulnier et Jadin ; *Anacréon* ou l'*Amour fugitif*, opéra en deux actes de messieurs Mendouze et Chérubini ; *Lucas et Laurette*, ballet en un acte de messieurs Milon et Lefebvre ; la Proserpine de Quinault, arrangée en trois actes, par Guillard, et remise en musique, par Paësiello ; enfin *Saül*, oratorio en trois parties, par Morel, Lachintz et Kalkbrener.

Adrien et *le Devin de village* sont les seules pièces qu'on ait remises.

Nourrit et madame *Gassé* débutèrent dans le chant ; *Henri*, et mesdames *Claire*, *Hutin*, *Polly* et *Coustou* dans la danse.

La COMÉDIE-FRANÇAISE donna pour nouveautés *Melpomène* et *Thalie*, en un acte, par MM. Chazet et Dubois ; le *Séducteur amoureux*, comédie en trois actes, en vers, par M. Delongchams ; *Siri Brahé* ou *les Curieuses*, comédie en trois actes, en prose, par M. Thuring ; *le Roman d'une heure*, comédie en un acte, en prose, par M. Hoffmann ; *la Dédaigneuse*, comédie en trois actes, en vers, par M. Duret ; *le Garçon malade*, comédie en trois actes, en vers, par M. Delongchams, *Hermann* et *Werner*, en trois actes, en prose, par M. de Favières ; *Shakespear amoureux*, en un acte, en prose, par M. Alex. Duval ; *le Tasse*, en cinq actes, en vers, par Cicile, et *le Veuf amoureux*, en trois actes, par Collin.

On eut en outre les reprises de *Pompée*, du *Couvent*, de l'*Homme à bonnes fortunes*, d'*Ariane*, de la *Mère coquette*, de *Misantropie et Repentir*, d'*Agamemnon* et d'*Orphanis*.

Point de débuts.

L'OPÉRA COMIQUE offrit aux amateurs : *Zélie*

et *Terville*, en un acte, par *** ; *Ma tante Aurore*, en trois actes, paroles par M. Delong-chams, musique de M. Boyeldieu ; *Héléna*, en trois actes, paroles de M. Bouilly, musique de Méhul ; *Baiser et quittance*, en trois actes, anonyme ; *Henriette et Verseuil*, en un acte, de Guillet et Solié ; *Aline, reine de Golconde*, en trois actes, paroles de messieurs Vial et de Favières, musique de M. Berton ; l'*Amour romanesque*, en un acte, en prose, de messieurs Charlemagne et Wolff; *les Confidences*, en trois actes, paroles de ***, musique de Nicolo ; l'*Epoux généreux*, en un acte, de Dejaur et Solié ; *Jean Bart*, en un acte, de MM. Roger et Jadin, et le *Médecin turc*, en un acte, paroles de messieurs de Villiers et Armand Gouffé, musique de Nicolo.

On reprit : le *Droit du Seigneur*, la *Dot*, le *Trente et Quarante*, *Sigisbé* ; et l'*Anti-chambre*, sous le titre de *Picaros et Diégo*.

Le seul début qui eut lieu est celui de mademoiselle Duchazel.

Les événemens remarquables dé cette année sont : l'ouverture des Délassemens, sous le titre de *Variétés Amusantes*, la clôture de la *Porte-Saint-Martin*, de la *Cité* et de *Molière* (lesquels rouvrirent bientôt après.) Le début d'une *troupe d'Automates* à la Société Olympique, leur chûte et leur clôture le jour même ; enfin la grande guerre allumée entre mesdames Georges et Duchesnois.

Il faut rapporter à cette époque le perfectionnement de la profession de cabaleur. C'est dans les différentes luttes, dont le parterre du Théâtre-Français, fut l'arène durant cette guerre fameuse, que d'honnêtes champions furent trouvés nantis de brochures où les endroits qui devaient être sifflés ou applaudis, étaient notés d'avance ; c'est à l'occasion de cette guerre que la lettre suivante fut adressée au rédacteur d'un journal.

« Un mot, mon cher Monsieur L***, je
» n'aime point les longues phrases ; je suis très-
» riche, j'occupe une place éminente dans le
» corps diplomatique, et je suis très-chaud
» partisan de mademoiselle Georges. Je suis
» indigné de ce que vous osez la décrier, l'ou-
» trager sans raison ni pudeur, pour exalter de
» la manière la plus ridicule votre. . . . Du-
» chesnois.

» Je sais, et vos articles me le prouvent, que
» vous êtes totalement dénué de connaissances
» littéraires. Vous n'êtes donc que le triste écho
» de cette misérable cabale, qui vient de se

» faire rouer de coups de bâton et de bour-
» rades. Voici donc mes propositions :

» Jeudi mademoiselle Georges joue Phèdre ,
» elle achèvera d'y écraser votre...., qui joue
» ce rôle comme elle déclamerait une pastorale.
» Si votre article de vendredi *rend hommage*
» *au triomphe* de mademoiselle Weimer (sans
» cependant vous avilir au point de chanter trop
» brusquement la palinodie) , si de plus , vos
» articles sur les deux ou trois représentations
» de *Mérope* , qui vont avoir lieu , sont rédigés
» avec les égards que méritent l'*extrême beauté*
» et des talens précoces ; vous recevrez trois
» billets de banque de 1,000 francs , et en outre
» je vous ferai charger d'une correspondance
» théâtrale , pour le compte de ma cour , qui
» vous vaudra au moins autant ; sinon (faites
» attention !) *mes gens* , qui ont votre signa-
» lement , ont ordre de vous étriller d'impor-
» tance dans le vestibule du Théâtre-Français ;
» et je suis dans une position à m'avouer ordon-
» nateur de cette correction. OPTEZ. »

Les amis de l'art dramatique eurent à regretter cette année *Laharpe* , *Desmoutiers* , mademoiselle *Clairon* , et *Vanhove. Hugot* ,
professeur de flûte au Conservatoire , et l'un
des artistes de l'orchestre de Feydeau , se tua de

plusieurs coups de couteau dans un accès de fièvre chaude.

Le Vieillard et les jeunes Gens, comédie en cinq actes, en vers, de Collin d'Harleville, fut représentée cette année à Louvois avec un grand succès auquel Devigny contribua par la manière dont il joua le rôle du vieillard ; le Vaudeville donna *Fanchon la vielleuse* : il s'en fallut cependant de bien peu que la *Femme à deux maris* ne l'emportât sur ces charmans ouvrages, tant le goût faisait de progrès.

1804.

L'opéra donna les *Bardes*, paroles de M. Dercy, musique de M. Lesueur, le *Connétable de Clisson*, opéra en 3 actes, paroles de ***, musique de Porta ; *Achille à Scyros*, ballet en 3 actes, de M. Gardel, musique de M. Chérubini ; le *Pavillon du calife*, opéra en 2 actes, paroles de ***, musique de Dalayrac ; *une demi-heure de Caprice*, ballet en un acte, et *Alexandre chez Apelles*, en 2 actes, par M. Gardel.

Il n'y eut point de reprises.

M. Duverney, mesdames Naudet et Pelet débutèrent dans le chant ; et messieurs Baptiste,

Petit, Titus, Fabre, Gardel, mesdemoiselles Masrelié et Victoire Saulnier dans la danse.

C'est cette année qu'eut lieu la retraite d'Adrien.

On vit à la COMÉDIE-FRANÇAISE : *Pierre le Grand*, tragédie en cinq actes, de M. Carrion de Nisas ; *Guillaume le conquérant*, drame en 5 actes en vers de M. Delongchams ; *Molière avec ses amis*, comédie en un acte, en vers libres, de M. Andrieux ; *Cyrus*, tragédie en 5 actes, de Ménier, et *Polyxène*, en 3 actes, de M. Aignan.

Il n'y eut point d'autre reprise que celle des *Femmes savantes*, qui furent jouées par l'élite des acteurs ; et point d'autres débuts que ceux de M. Lagardère et de mademoiselle Amalric Contat.

Les nouveautés jouées cette année à l'OPÉRA-COMIQUE, sont : l' *Heureux malgré lui*, en un acte, paroles de M. Saint-Just, musique de Méhul, la *jeune Prude*, en un acte, paroles de M. Dupaty, musique de Dalayrac ; *Julie*, en un acte, paroles de ***, musique de messieurs Fay et Spontini ; *la Romance*, en un acte, paroles de Leroux, musique de M. Berton ; le *Sigisbé*, ouvrage posthume de Marmontel, musique de Piccini ; les *deux Oncles*, en un acte, de Forgeot, musique de Solié; l'*Amour romanesque*, en un acte, paroles d'Armand Charlemagne, musique de Wœflt; *Une Heure de mariage*, en un. acte, paroles de M. Etienne, musique de Dalayrac; le *Malade par amour*, paroles de ***, musique de Solié, la *Petite maison*, en 3 actes, paroles. de M. Dieulafoi, musique de M. Spontini, *un Quart-d'heure de silence*, en un acte, paroles de Guillet, musique de M. Gavaux; l'*Amoureux par surprise*, en un acte, paroles d'Alexis, musique de M. Piccini; *Avis aux Femmes*, en un acte, paroles de M. Guilbert, musique de M. Gavaux, et le *Chevalier d'industrie*, en un acte, paroles de M. de Saint-Victor, musique de messieurs Pradher et Gustave.

Point de reprises.

Paul, Mmes Berger, Quinebeaux, Cécile St.-Aubin (Mad. Duret), et Mlle Desbordes (aujourd'hui madame Desbordes Valmore, à qui nous devons d'excellentes poésies), débutèrent en 1804.

L'*Opéra-Buffa* fut placé cette année à Louvois, sous la direction de monsieur Picard.

Les théâtres du Marais, de Molière et de la Cité, fermèrent encore, faute de pouvoir se

soutenir. Les autres firent à peu près leurs affaires, se plaignant beaucoup, toutefois, de la
nombreuse concurrence.

La *Jeune femme colère,* à Louvois, et les
Deux Pères, au Vaudeville, sont les deux succès remarquables de l'année. Les représentations de madame Quériaux, furent suivies à
la Porte-saint-Martin.

La mort enleva Poinsinet de Syvri, Noverre
et Mme Vestris. Boullet, machiniste de l'Opéra, tomba du ceintre de ce théâtre, et fut tué
sur la place.

1805.

A L'OPÉRA : *Acis et Galatée,* ballet en un
acte, de Duport ; la *Prise de Jéricho,* oratorio
en trois parties ; *Don Juan* en trois actes, arrangé par monsieur Thuring, musique de Mozart, et l'*Amour à Cythère,* ballet en un acte,
de Henry et de M. Gaveaux.

Débuts : Messieurs Despéramon, Hubi, Du-
parc. Mesdemoiselles Ferrière et Granier, dans
le chant ; monsieur Lefèvre, Mlle Sallucy et
Gaillet dans la danse.

A la COMÉDIE FRANÇAISE : grands succès des
Templiers, du *Tyran domestique,* et de *Madame de Sévigné.* On donna encore une tragé-

die d'*Astianax*, en trois actes, par un monsieur Halma, et *Avis aux maris*, petite comédie en trois actes en vers, imitée de la Jeune femme colère, de M. Etienne, par Messieurs Chazel et Sewrin.

On remit l'*Anaximandre*, de M. Andrieux et le *Tartuffe de mœurs*, de Chéron.

Michelot débuta par Britannicus, et Dormilly, des Fausses infidélités.

A FEYDEAU : *Milton* en un acte, paroles de Messieurs Jouy et Dieulafoi, musique de M. Spontini ; le *Vaisseau amiral*, en un acte, paroles de M***, musique de M. Berton ; *Délia et Verdikan*, en un acte, paroles de***, musique de M. Berton ; la *Ruse inutile*, en deux actes, paroles de M. Hoffmann, musique de Nicolo ; la *Double méprise*, en un acte, paroles de M. Duval, musique de mademoiselle Kerkado ; *Gulistan*, en trois actes, paroles de M. Etienne, Musique de Dalayrac ; le *Grand-père* en un acte, paroles de****, musique de M. Jadin ; *Chacun son tour*,, en un acte, paroles de M. Justin, musique de Solié ; l'*Intrigue aux fenêtres*, en un acte, paroles de Messieurs Dupaty et Bouilly, musique de Nicolo ; *Léonce*, en deux actes, de Marsollier et Nicolo, enfin le

Duel nocturne, en un acte , de Messieurs Long-chams et Rigel.

Débuts : Messieurs Richebourg, Darancourt, Leroux , Despéramons et madame Clairval.

Il y eut cette année peu de mouvement dans les théâtres. De nombreux amateurs se distin-guèrent à la Cité, à Molière, au Marais et à la vieille rue du Temple. Il est à regretter que plusieurs d'entre eux aient cru prudent de résister à la vocation bien décidée qu'on leur reconnaissait.

L'Opéra, soutenu par le Gouvernement, et la Comédie Française, par son admirable ensem-ble et trois succès brillans, ne se sentirent point de la concurrence; mai stous les autres spectacles eurent plus ou moins à s'en plaindre , et parti-culièrement Louvois , qui ne donna pas un seul ouvrage véritablement remarquable.

La célèbre *Sophie Arnoud* mourut cette année ; elle était née en 1744 dans la chambre où l'amiral Coligny fut massacré.

1806.

A l'Opéra : la *Fête de Mars,* intermède : pour les paroles, Esmenard; Steibelt pour la musique, et M. Gardel pour la danse ; *Nephtali,* opéra en trois actes , paroles de***, musique de

M. Blangini; *Figaro.*, ballet en trois actes , de Duport ; *Paul et Virginie*, ballet en trois actes, de M. Gardel; le *Volage fixé* , divertissement en un acte , de Duport.

On exécuta le 10 novembre , *Un chant de victoire*, orné de divertissemens guerriers , les paroles étaient de M. Dupuy des Islets, la musique de M. Persuis , et les ballets de M. Gardel.

On donna aussi une représentation au bénéfice de Philippe. La comédie française et l'Opéra-comique , se réunirent aux artistes de l'Opéra pour cette bonne action. La *Capricieuse* et la *Sultane Idala*, furent jouées par les premiers ; un ballet en un acte, intitulé la *Rosière,* remis par M. Gardel , fut le contingent des autres.

Les débuts de cette année sont ceux de mademoiselle Hymm dans le chant , et de Taglioni et mademoiselle Adèle dans la danse.

COMÉDIE FRANÇAISE, *Antiochus-Epiphanes*, tragédie en cinq actes , de M. le Chevalier ; les *Français dans le Tyrol*, fait historique, en un acte et en prose , par M. Bouilly ; le *Politique en défaut*, comédie en un acte, en vers , par Messieurs Chazet et Sewrin ; l'*Avocat* , comédie en trois actes, en vers, par M. Roger; la

Jeunesse de Henri V, comédie en trois actes, en prose, par M. Duval; *La mort de Henri IV*, tragédie en cinq actes, par Legouvé; la *Capricieuse*, comédie en un acte, en vers, par M. Hoffmann; *Omasis*, tragédie en cinq actes, par M. Baour de Lormian; les *Faux somnambules*, comédie en un acte, en vers, par un anonyme; *Octavie*, tragédie en cinq actes, par M. Souriguières; enfin, *Amélie-Mansfield*, drame en cinq actes, en prose, par M. Belin de la Libordière.

Messieurs Thénard jeune, Rosambo, St.-Eugène et Leclère débutèrent : aucun d'eux ne fut reçu.

On reprit *Manlius*, *Athalie* et *Corisandre*.

OPÉRA-COMIQUE : les *Surprises*, en deux actes, paroles de M. Sewrin, musique de M. Kreutzer; les *Deux-aveugles de Tolède*, en un acte, de Marsollier, musique de Méhul; la *Prise de Passaw*, en deux actes, paroles de M. Dupaty, musique de Nicolo; M. *Deschalumeaux*, en trois actes, paroles de M. Creusé de Lessert, musique de M. Gaveaux; le *Déjeuner de garçons*, en un acte, paroles de ***, musique de Nicolo; *Uthal*, en un acte, paroles de M. Saint-Victor, musique de Méhul; *Deux mots*, en un acte, par Marsollier et Dalayrac; *Ga-*

brielle d'*Estrées*, en trois actes, paroles de M. Saint Just, musique de Méhul ; les *Maris garçons*, en un acte, paroles de M. Gaugiran Nanteuil, musique de M. Berton ; *Idala*, en trois actes, paroles de M. Hoffmann, musique de Nicolo ; la *Maison à louer*, en trois actes, anonyme ; *Philoclès*, en deux actes, paroles de M. Justin, musique de M. Dourlens ; enfin, *Avis au public*, en deux actes, paroles de M. Désaugiers, musique de M. Piccini.

On reprit le *Diable à quatre*, arrangé par M. Creusé de Lessert, avec une nouvelle musique de Solié ; *Richard*, et *Isabelle et Gertrude*.

M. Alavie, Mesdemoiselles Esther Sewrin, Lalande et Petit, débutèrent.

La première apparition de madame Catalani à Paris, la retraite de Monvel, le succès des *Marionnettes*, et celui du *Pied de mouton*, tels sont les événemens de cette année. Il faut y ajouter la mort du célèbre chorégraphe *Dauberval*, celle de *Desforges*, auteur de la Femme jalouse, et celle de *Collin d'Harleville*, le premier poète comique de son époque.

1807.

Opéra : l'*Inauguration du temple de la vic-*

toire, intermède mêlé de chants et de danses, par Messieurs Baour de Lormian, Lesueur, Persuis et Gardel; *Ulysse*, ballet en trois actes de M. Milon; le *Triomphe de Trajan*, opéra en trois actes, paroles d'Esmenard, musique de Messieurs Lesueur et Persuis; la *Vestale*, opéra en trois actes, de Messieurs de Jouy et Spontini. M. Alexandre débuta dans le chant, et mesdemoiselles Fanny-Bias et Athalie dans la danse.

COMÉDIE FRANÇAISE : le *Parleur contrarié*, médie en un acte, en vers, par M. Delaunay, *yrrhus*, tragédie en cinq actes, par Lehoc, les *Projets d'enlèvement*, comédie en un acte, en vers, par M. Pein; la *Mort de Duguesclin*, drame en trois actes, en vers, par M. Dorvo; *Bruéis et Palaprat*, comédie en un acte, en vers, par M. Etienne; et le *Paravent*, en un acte, en vers, par M. Planard.

Débuts de Messieurs Mainvielle, Joanny, Thénard aîné, Sabatier, et de mesdemoiselles Saint Albe, Henry et Degotty.

OPÉRA-COMIQUE : les *Artistes par occasion*, un acte, paroles de M. Duval, musique de M. Catel; *Joseph*, en trois actes, paroles de M. Duval, musique de Méhul; *François Ier*, deux actes, paroles de MM. Chazet et Sewrin, mu—

sique de M. Kreutzer ; l'*Auberge de Bagnères*, trois actes , paroles de M. Jalabert , musique de M. Catel ; les *Rendez-vous bourgeois* , un acte , de M. Hofmann et Nicolo ; *Ida* , trois actes , paroles et musique de madame Simon-Candeille ; *l'Opéra de village* , en un acte , de M. Sewrin , musique de Solié ; l'*Amante sans le savoir* , un acte , paroles de *** , musique de Solié ; la *Folie musicale* , un acte , de M. Francis , musique de M. Prader ; *Nina* , trois actes , paroles de M. de Saint-Cyr , musique de Dalayrac , et *les Créanciers* , en trois actes, paroles de M. Vial , musique de Nicolo.

Reprise de la *Fée Urgèle.*

Débuts : M. Eugène Desessarts et mademoiselle Michu (depuis madame Paul).

C'est cette année que furent fondés les *prix decennaux ;* un décret régla les droits des propriétaires d'ouvrages posthumes , et un autre réorganisa les théâtres. On n'en compta plus que huit à Paris , savoir :

L'Opéra , la Comédie-Française , l'Opéra-Comique , Louvois (qui comprenait l'Opéra-Buffa) , le Vaudeville , les Variétés , (qui eurent ordre de quitter le Palais-Royal ,) l'Ambigu-Comique et la Gaîté.

Tous les autres furent fermés ; les amateurs

mêmes n'y purent plus jouer ; la petite salle de M. Doyen fut la seule dont on consentit à leur laisser la jouissance.

Cette mesure (dont nous n'examinerons pas ici la légalité) eut pu avoir d'heureux résultats, si l'on eût mieux organisé les théâtres de province ; mais on établit un *pensionnat* au Conservatoire , et l'on crut que cela suffisait ; les faits ont répondu.

Chéron se retira cette année.

L'art dramatique et l'art théâtral perdirent Blin de Saint-Maur , Langlé , Larochelle et madame Scio.

Beaulieu , fameux autrefois sur nos théâtres secondaires , avait depuis quelque temps pris la direction de la Cité. Le succès n'ayant pas répondu à ses espérances , il se suicida.

1808.

Opéra. *Antoine et Cléopâtre*, ballet en trois actes, par M. Aimar, *Aristippe*, opéra en deux actes, paroles de messieurs Giraud et Leclerc, musique de M. Kreutzer ; *Vénus et Adonis* , ballet en un acte., de M. Gardel ; et *Alexandre chez Apelles* , du même.

On reprit *Chimène* , en trois actes de Sacchini.

Débuts dans le chant : M. Bonnel, mesdemoiselles Joséphine Armand et Emilie Fontalbe. Dans la danse : messieurs Mérante, Renaud, Montjoie, Albert, et mesdames Elie et Rivière.

COMÉDIE-FRANÇÀISE. *Plaute*, comédie en trois actes, en vers, par M. Lemercier ; l'*Assemblée de famille*, comédie en cinq actes, en vers, par M. Riboutté ; l'*Homme aux convenances*, comédie en un acte, en vers, par M. Jouy ; *Artaxerce*, tragédie en cinq actes, par M. Delrieux ; et la *Réconciliation*, comédie en un acte, en prose par madame Simon-Candeille.

On remit la *Suite du Menteur*, arrangée par M. Andrieux.

Débuts de messieurs Henri, Ernest Vanhove, Arnaud, et Devigny, et de mesdames Rose Dupuis, Desgarcins, Maillard, Damas, Emilie Leverd, Bazire et Pélicier.

OPÉRA-COMIQUE. *Ils sont chez eux*, un acte, de messieurs Désaugiers et Piccini ; le *Fou de Berézoff*, trois actes, messieurs Lamartellière et Champein ; *Anna*, en un acte, par messieurs Sewrin et Solié ; *Amour et mauvaise tête*, trois actes, de messieurs Alexis et Piccini ; *Un jour à Paris*, en trois actes, de messieurs

Etienne et Nicolo; *Cimarosa*, en deux actes, de messieurs Bouilly et Nicolo; *le Chevalier de Sénanges*, trois actes, MM.*** et Berton; *l'Echelle de soie*, en un acte, par messieurs Planard et Gavaux; *Linnée*, en trois actes, paroles de Dejaure, musique de M. Dourlens; *Ninon chez madame de Sévigné*, en un acte, en vers, par messieurs Dupaty et Berton; *Jadis et Aujourd'hui*, en un acte, de messieurs Sewrin et Kreutzer; enfin, *le Hussard noir*, en un acte, par M. Dupaty et Solié.

Reprise des *Femmes vengées*, avec une nouvelle musique de M. Blangini.

Débuts de M. Roland et de mesdames Duval, Clairval, Lemaire, Joste et Richardi.

L'Opéra ferme pendant un mois pour réparations à faire à la salle; Duport et mademoiselle Georges s'évadent au mépris de leurs engagemens; mademoiselle Saint-Aubin quitte l'Opéra-Comique, et l'Opéra-Buffa va à l'Odéon, où le suit la troupe de comédie, formée par M. Picard : cet homme de lettres est appelé à la direction de l'Opéra.

La mort de Brousse Desfaucherets, auteur du Mariage secret, est un des événemens déplorables de cette année.

ı809.

Opéra. *La Mort d'Adam*, en trois actes, par Gaillard et M. Lesueur ; *Fernand Cortez*, en trois actes, par Esménard, M. de Jouy et M. Spontini.

Reprise d'*Orphée.*

Débuts de messieurs Lavigne, Henrard et mademoiselle Lucie dans le chant, et de messieurs Antonin ; Ch. Vestris et mesdemoiselles Boissière, Lemaitre et Gosselin aînée dans la danse.

Comédie-Française. *La mort-d'Hector*, tragédie en cinq actes, par Luce de Lancival ; *Lafontaine chez Fouquet*, comédie en un acte en vers, par M. Dumolard ; *le Chevalier d'industrie*, comédie en cinq actes en vers, par M. Alex. Duval ; *le Secret du ménage*, comédie en trois actes, en vers, par M. Creuzé de Lessert ; *les Capitulations de conscience*, comédie en cinq actes, en vers, par M. Picard ; *Vitellie*, tragédie en cinq actes, par M. Deselve, et l'*Enthousiaste*, comédie en cinq actes. en vers, par un anonyme.

On reprit : Macbeth, Pourceaugnac ; Hamlet, Médiocre et Rampant, Georges Dandin, l'Ecole des Mères, le comte de Warvick,

M. Musard, les Vendanges de Suresnes, le Conciliateur et l'Ecole des Pères.

Débuts de MM. Faure, Colson, Charlys et Salpêtre, et de Mmes Laroche, Boissière, Dartaux, Fontanier, et Boguaire.

OPÉRA-COMIQUE. *Françoise de Foix*, en trois actes, paroles de MM. Dupaty et Bouilly, musique de M. Berton ; *le Nègre par amour*, un acte, paroles de M. Saint-Just, musique de M. Villeblanche ; *la Rose blanche et la Rose rouge*, trois actes, MM. Guilbert et Gaveaux ; *le Mariage par imprudence*, un acte, MM. de Jouy et Dalvimare ; *l'Intrigue au sérail*, trois actes, M. Etienne et Nicolo ; *la Ferme du Mont-Cenis*, trois actes, de MM. Lamartellière et Champein ; *la Dupe de son art*, un acte, de MM. Sapey et Dourlens ; *Elise-Hortense*, un acte, Marsollier, Dalayrac ; *Avis aux jaloux*, un acte, MM. Chazet et Piccini oncle.

Reprise de *l'Amoureux de quinze ans*, des *Visitandines* et d'*Un moment d'erreur*.

Débuts de M. Isambert (présentement au Vaudeville), de Mlle Regnault (Mme Lemonnier), et de Mmes Rousselois, Laudier et Alexandrine Saint-Aubin.

Cette année, l'Opéra-Comique ferme pendant deux mois d'été, pour des réparations à faire à la salle.

Retraite de Mlle Contat et de Mme Saint-Aubin; mort de Dalayrac, de Dugazon, de Dazincourt, de Dozainville, de Mme Vestris et de Saint-Amand.

Succès du joli vaudeville des *Femmes soldats,* par lequel M. Théaulon débute dans la carrière dramatique.

1810.

Opéra. *La Fête de Mars,* divertissement en un acte, par M. Gardel; *Hyppomène et Atalante,* opéra en un acte, Lehoc et M. Piccini; *Vertumne et Pomone,* ballet en un acte, par M. Gardel; *Abel,* opéra en trois actes, par MM. Hoffmann et Kreutzer; *Persée et Andromède,* ballet en trois actes, par M. Gardel, et *les Bayadères,* opéra en trois actes, par MM. de Jouy et Catel.

Reprises : Colinette à la cour, Sémiramis et les Bardes.

Débuts de Mlle Beck dans le chant, et de Mlle Launer dans la danse.

Comédie – Française. *Le Prisonnier en voyage,* comédie en trois actes, par M. Delaunay; *Brunehaut,* tragédie en cinq actes, par M. Aignan ; *le Vieux fat*, comédie en cinq actes, en vers, par M. Andrieux, et *les Deux Gendres*, comédie en cinq actes, en vers, par M. Etienne.

Reprises : la Mère confidente et les Amis de Collége.

Débuts de M. Gonthier et de Mmes Dupont, Hordé, Gonthier, Fabre et Demerson.

Opéra-Comique. *Le Pari*, en un acte, paroles de ***, musique de M. Berton fils ; *Cendrillon*, en trois actes, par M. Etienne, et Nicolo ; *M. Desbosquets*, en un acte, MM. Sewrin et Berton fils ; *la Partie de campagne*, en un acte, MM. Lamartellière et Jadin ; *le Crescendo*, en un acte, MM. Sewrin et Chérubini, et *Cagliostro*, en trois actes, paroles de ***, musique de MM. Reicha et Dourlens.

Reprises : Paul et Virginie, Azémia, Fanchette et On ne s'avise jamais de tout.

Débuts de MM. Thénard et Florigny et de Mlle Gersay.

Sous les noms de *Jeux gymniques* et de *Jeux forains*, on ouvre cette année, deux nouveaux théâtres : le premier à la Porte Saint-Martin, le second à la salle Montansier, d'où l'on avait expulsé les Variétés.

Lafargue, l'un des meilleurs acteurs du second théâtre français, s'il s'abandonnait un peu plus, commence sa carrière aux Jeux forains.

La mort moissonna cette année : Luce de Lancival, Rey, chef d'orchestre de l'Opéra, et le cousin Jacques.

L'Odéon donna le *Retour du croisé*, la critique la plus ingénieuse que l'on pût faire du mélodrame, on s'y porta en foule, et les *Ruines de Babylone* eurent cent cinquante représentations.

1811.

Opéra : *Le triomphe du mois de Mars*, opéra-ballet, en un acte, paroles de M. Dupaty, musique de M. Kreutzer, ballet de M. Gardel; *Sophocle*, opéra en trois actes, paroles de messieurs Morel et Fiocchi, et l'*Enlèvement des Sabines*, ballet en trois actes de M. Milon, musique de M. Berton.

On reprit *Armide*.

Débuts de mademoiselle Loth dans le chant, et de mademoiselle Mélanie dans la danse.

Comédie française : *Un lendemain de fortune*, comédie en un acte, en prose, par M.

Picard ; les *Jeunes amis*, comédie en trois actes, en prose, par M. Souques; *Mahomet II*, tragédie en cinq actes, par M. Baour de Lormian, l'*Heureuse gageure*, comédie en un acte, en vers, par M. Désaugiers ; la *Femme misanthrope*, comédie en trois actes, en vers, par M. Alex. Duval, la *Manie de l'indépendance*, comédie en cinq actes, en vers, par M. Creusé de Lessert; les *Pères créanciers*, comédie en un acte, en vers, par M. Planard, et l'*Auteur et le critique*, comédie en un acte, en vers, par M***

Reprises : l'Amour français et le Méchant.

Débuts de messieurs Dumilâtre, Cartigny, Baudrier, Firmin, et de mesdames Boiscervoise, Léon et Meynier.

OPÉRA-COMIQUE : *Jeune et vieille*, en un acte, par messieurs Chazet et Pradère ; le *Charme de la voix*, en un acte, de messieurs Nanteuil et Berton ; la *Victime des Arts*, deux actes, paroles de **, musique de MM. Solié, Nicolo et Berton ; le *Berceau*, un acte, M. Guilbert de Pixérécourt ; *la Fête de Village*, en un acte, paroles de M. Etienne, musique de Nicolo; *les Deux Paravens*, en un acte, MM. Pain et Boïeldieu; *le Poëte et le Musicien*, en trois actes, paroles de M. Dupaty, musique de Da-

layrac; *les Ménestrels*, trois actes, M. St.-Cyr
et Solié; *le Billet de loterie*, en un acte, paroles
de MM. Roger et Creusé de Lessert, musique
de Nicolo; *Bayard à Laferté*, trois actes, paroles de MM. Désaugiers et Gentil, musique de
Plantade; *le Magicien sans magie*, deux actes,
paroles de MM. Roger et Creusé de Lessert,
musique de Nicolo; *l'Enfant prodigue*, trois
actes, en vers, par MM. Riboutté et Souriguières, musique de M. Gavaux.

Remises : Barbe-Bleue, Palma, les Sabots.

Débuts de M. Darboville et de Mesdames
Paulin, Boulanger et Regnaud aînée.

Mort de Chénier, d'Esménard et du chan-
sonnier Laujon; retraite de Grandmesnil et de
Madame Talma.

1812.

Opéra. *L'Enfant Prodigue*, ballet en trois
actes, de M. Gardel; *OEnone*, opéra en deux
actes de M. Lebailly, musique de Kalkbrenner;
Jérusalem délivrée, opéra en cinq actes, paroles
de M. Baour de Lormian, musique de M. Persuis.

Reprise d'*Iphigénie en Tauride*.

Débuts : Mademoiselle Paulin dans le chant;

4*

MM. Falcoz, Toussaint, Mlles Aimée Petit, Pierret et Berri dans la danse.

Comédie-Française. Le *Ministre anglais*, comédie en cinq actes, en vers, par M. Ribouté ; *Mascarille*, comédie en cinq actes, en vers, par ***; la *Lecture de Clarisse*, comédie en un acte, en vers, par M. Roger ; l'*Indécis*, comédie en un acte, en vers, par Charbonnières.

Reprises : La Maison de Molière, Œdipe chez Admète, le Tambour nocturne, l'Officieux, les Déguisemens amoureux, les Bourgeoises à la mode.

Débuts : MM. Valmore et Desmousseaux ; Mmes Gersay et Regnier.

Opéra-Comique. L'*Homme sans façons*, trois actes, MM. Sewrin et Kreutzer ; *Edouard*, un acte, Mme Lesparat et Berny ; *Lulli et Quinault*, un acte, paroles de M. Nanteuil, musique de Nicolo ; *Jean de Paris*, trois actes, MM. Saint-Just et Boïeldieu ; l'*Auteur malgré lui*, un acte, MM. Claparède et Jadin ; les *Aubergistes de qualité*, un acte, MM. de Jouy et Catel ; les *Rivaux d'un moment*, un acte, MM. Sewrin et Champein ; l'*Emprunt secret*, un acte, MM. Planard et Pradère ; la *Vallée Suisse*, trois actes, MM. Sewrin et Weigel ;

Marguerite de Woldémar , trois actes , MM. Saint-Félix et Gustave-Dugazon.

Reprises : Le Comte d'Albert, la *Jeune Femme colère*, mise en musique par M. Boïel-dieu ; Elisa et les Trois Fermiers.

Débuts : MM. Théodore , Brice, Ponchard, Cœuriot ; Mmes Richardy, Gonthier et Lucie.

Les jeux gymniques et les jeux forains ferment; les acteurs de l'Odéon, à l'instigation des ennemis de M. Etienne, jouent *Conaxa*, et ne prouvent rien, sinon que d'un mauvais ouvrage il en a su faire un bon; le Vaudeville donne le mélodrame de *Jeanne d'Arc*, et les Variétés la comédie du *Ci-devant Jeune Homme*, au succès de laquelle Potier contribue.

Lainez quitte l'Opéra et *Gavaux* l'Opéra-Comique.

La mort enlève Legouvé, Sauvigny, le jeune Falaise de Verneuil, Dorvigny, Monvel, Solié et Mme Saint-Huberty , qui est assassinée dans une campagne auprès de Londres.

1813.

Opéra. Le *Laboureur chinois*, opéra en un acte, par M. Morel, musique arrangée de Mozart et d'Haydn ; les *Abencerrages*, opéra en trois actes, paroles de M. de Jouy, musique de

M. Chérubini; *Médée et Jason*, opéra en trois actes, par MM. Milcent et Fontenelle.

Débuts de M. Levasseur dans le chant, de MM. Paul, Ferdinand, de Mlles Copère et Gosselin cadette dans la danse.

COMÉDIE-FRANÇAISE. *Avis aux Mères*, comédie en un acte, en vers, de M. Dupaty; *Tippo-Saeb*, tragédie en cinq actes, par M. de Jouy; l'*Intrigante*, comédie en cinq actes, en vers, par M. Etienne ; la *Suite d'un bal masqué*, comédie en un acte, en prose, par Mme. de Bawr; *Ninus II*, tragédie en cinq actes, par M. Briffaut ; la *Nièce supposée*, comédie en trois actes, par M. Planard.

Débuts de MM. Hamel, Artiguenave, et de Mmes Humbert, Saint-Vallier, Saint-Aubin, Dartaux, Louise Thénard et Rosny.

OPÉRA-COMIQUE. *Le Séjour militaire*, en un acte, MM. Bouilly et Aubert ; *le Prince de Catane*, trois actes, paroles de M. Castel, musique de Nicolo ; *le Mari de circonstance*, un acte, MM. Planard et Plantade ; *le Camp de Sobiesky*, deux actes, MM. Dupaty et Kreutzer ; *la Chambre à coucher*, un acte, MM. Scribe et Guenée ; *le Prince troubadour*, un acte, paroles de M. Alex. Duval, musique de Méhul ; *le Français à Venise*, un acte, pa-

roles de M. Justin, musique de Nicolo; *le Nouveau Seigneur de village*, un acte, MM ***
et Boïeldieu; *le Paysan romanesque*, trois actes, MM. Picard et Berton; *le Forgeron de Bassora*, deux actes, MM. *** et Kreubé; *l'Aventurier*, trois actes, MM. Leber et Catruffo; *Constance et Théodore*, deux actes, MM. *** et Kreutzer; *le Colonel*, un acte, anonyme; *Mademoiselle Delaunay à la Bastille*, un acte, par MM. *** et Kreutzer; *l'Héritier de Paimpol*, trois actes, paroles de M. Sewrin, musique de Nicolo.

On reprend *les Deux Jaloux*, comédie de Dufreny, arrangée par M. Vial, musique de Mme Gail.

Mme Jadin débute.

Mort de Grétry et de Mlle Contat ; retraite d'Elleviou.

 Cette année Mlle Georges revint de Russie ; ses camarades oublièrent ses torts, et elle reparut à la Comédie-Française, le 29 septembre, par le rôle de Clytemnestre.

M. Duperche mit , sous le titre d'*Alix et Blanche*, la Marie Stuart de Schiller, en prose, au théâtre de la Gaîté ; et un M. Maillot ou Maillol la prose de l'Avare, en vers, à l'Odéon. La pièce de Schiller fut la moins mal-traitée des deux.

1814.

OPÉRA. L'*Oriflamme*, opéra en un acte, parole de MM. Etienne et Baour de Lormian, musique de MM. Berton, Kreutzer, Paër et Méhul ; *Alcibiade solitaire*, opéra en deux actes, de MM. Cuvélier et Alex. Piccini; *Pélage*, opéra en deux actes, par MM. de Jouy et Spontini.

Débuts : MM. Gilbert, Prévost fils, et Mlle Allan dans le chant ; Mlles Bertin et Flieger dans la danse.

COMÉDIE – FRANÇAISE. *Fouquet*, comédie en cinq actes, en vers, par M. de Montagnac; *la Rançon de Duguesclin*, comédie en trois actes, en vers, anonyme ; *Ulysse*, tragédie en cinq actes par M. Lebrun ; l'*Hôtel garni*, comédie en un acte, en vers, par MM. Désaugiers et Gentil ; les *Etats de Blois*, tragédie en cinq actes, par M. Raynouard.

Reprise : le Siège de Calais, l'Époux par supercherie, la Partie de chasse et Edouard en Ecosse.

Débuts : MM. Perier, Planton ; Mmes Cartigny, Lombard et Petit.

OPÉRA-COMIQUE. *Bayard à Mézières*, en un acte, MM. Dupaty et Chazet ; Chérubini, Boïeldieu, Catel et Nicolo ; les *Héritiers Michaud*, un acte, M. Planard et *** ; *Henri IV en voyage*, un acte, MM. Sewrin et Kreutzer ; *Angéla*, en un acte, paroles de ***, musique de Mme Gail et de M. Boïeldieu ; le *Portrait de famille*, un acte, MM. Planard et Kreubé ; *Alphonse*, trois actes par *** ; la *Méprise*, un acte, MM. Creusé de Lesser et *** ; *Jeannot et Colin*, trois actes, MM. Etienne et Nicolo ; le *Premier en date*, un acte, MM. Désaugiers et Catel ; la *Noce écossaise*, un acte, de MM. *** et Gustave Dugazon ; le *Règne de douze heures*, trois actes, MM. *** et Bruni.

Reprise du Magnifique.

Débuts : M. Richebourg, Mmes Foulquier, Lafond, Thibaut et *Mainvielle Fodor*.

1815.

OPÉRA. L'*Epreuve villageoise*, ballet en deux actes, par M. Milon ; la *Princesse de Babylone*, opéra en trois actes, paroles de M. Vigée, musique de M. Kreutzer ; l'*Heureux retour*, divertissement en un acte, de M.

Milon et Gardel ; *Flore et Zéphir*, ballet en deux actes, par Didelot.

COMÉDIE FRANÇAISE. Les *Deux Voisines*, comédie en un acte, en vers, par MM. Désaugiers et Gentil ; *Jeanne Gray*, tragédie en cinq actes, par M. Briffaut ; *Racine et Cavois*, comédie en trois actes, en vers, par M. Etienne ; *Un Retour de jeunesse*, comédie en un acte, en prose, par *** ; *Démétrius*, tragédie en cinq actes, de M. Delrieu ; la *Méprise*, comédie en un acte, en prose, par Mme de Bawr.

OPÉRA-COMIQUE. La *Perruque et la Redingotte*, en trois actes, paroles de ***, musique de MM. Kreutzer et Kreubé ; *Félicie*, en trois actes, paroles de M. Dupaty, musique de M. Catruffo ; la *Leçon d'une femme*, un acte, MM. *** ; le *Procès*, un acte, MM. *** ; la *Sourde et Muette*, trois actes, MM. *** ; *Une Matinée de Frontin*, un acte, MM. Lebert et Catruffo ; le *Roi et la Ligue*, deux actes, paroles de MM. Théaulon et Dartois, musique de *** ; les *Noces de Gamache*, trois actes, paroles de M. Planard, musique de *** ; les *Parens d'un jour*, un acte, MM. *** ; le *Mariage par commission*, un acte, de MM. *** ;

la *Lettre de change*, un acte, MM. Planard et ***.

Retraite de Mlle Maillard, mort de Mlle Raucourt ; même scandale à ses obsèques qu'à celles de Mlle Chameroy, et à la même église ; les frères Franconi obtinrent le privilège exclusif d'un *théâtre équestre* ; M. Désaugiers est appelé à la direction du Vaudeville, M. Picard à celle de l'Opéra. Grand succès aux Variétés de *Je fais mes farces*, vaudeville en un acte, par MM. Brazier, Désaugiers et Gentil : un jeune compositeur, *artiste ambitieux*, fait aussi ses farces, et n'évite les galères qu'au moyen d'une fugue. L'*Opéra – Buffa* passe à Favart sous la direction de Mme Catalani.

1816.

OPÉRA : *Le Carnaval de Venise*, ballet en deux actes, par M. Milon, musique de MM. Persuis et Kreutzer ; le *Rossignol*, opéra en un acte, paroles de M. Etienne, musique de M. Lebrun ; les *Deux Rivaux*, opéra-ballet, en un acte, paroles de MM. Dieulafoy et Briffaut, musique de MM. Berton, Persuis, Spontini et Kreutzer ; danses de M. Gardel ; *Natalie*, opéra en trois actes, paroles de M. ***, musique de M. Reicha, ballets de M. Gardel.

Reprise du Pommier et le Moulin.

COMEDIE-FRANÇAISE. *Arthur de Bretagne*, tragédie en cinq actes, de M***; *Henri IV et Mayenne*, comédie en trois actes, en prose, par ***; la *Comédienne*, comédie en trois actes, en vers, par M. Andrieux; *Alexandre et Apelles*, comédie en un acte, en vers, par M. Delaville; *Robert de France*, pièce en un acte, en vers, par M. Vieillard; *Charlemagne*, tragédie en cinq actes, par M. Lemercier; la *Pensée d'un bon roi*, pièce en un acte, en prose, par M. Dubois; *Laquelle des trois*, comédie en trois actes, en prose, par Mme Talma; la *Fête de Henri IV*, comédie en un acte, en vers libres, par M. de Rougemont; le *Médisant*, comédie en trois actes, en vers, par M. Gosse; l'*Anniversaire*, comédie en un acte, en vers, par MM. Théaulon et de Rancé; les *Deux Seigneurs*, comédie en trois actes, en vers, par ***; l'*Artisan politique*, en trois actes, en prose, par M. Dieulafoi.

OPERA-COMIQUE. Le *Mari pour étrennes*, en un acte, par MM. Théaulon et Dartois; la *Comtesse Troun*, en trois actes, par MM***., et Boïeldieu; les *Deux Maris*, en un acte, par M. Etienne et Nicolo; l'*Inconnu*, en trois actes, par *** ; l'*Une ou l'autre*, trois actes, MM. Etienne et Nicolo; *Plus Heureux que sage*, un acte, par *** ; *Une Nuit d'intrigue*, un acte, par *** ; *Charles de France*, deux actes, MM. Théaulon et Dartois, MM. Boïeldieu et Hérold ; le *Maître et le Valet*, trois actes, MM. Justin et Kreutzer ; la *Bataille de Denain*, trois actes, MM. Théaulon, Dartois et Fulgence, musique de M. Catrufo ; *Féodor*, un acte, paroles de ***, musique de M. Berton ; la *Journée aux aventures*, trois actes, paroles de MM. Capelle et Mezières, musique de Méhul; la *Jeune Belle-Mère*, trois actes, par ***.

Ouverture de l'Odéon sous la direction de M. Picard; grand succès à ce théâtre des *Deux Philibert.* Le meilleur acteur de l'Opéra-Comique, Gavaudan est obligé de prendre sa retraite ; quelques-uns de ses camarades trouvent qu'il ne pense pas assez bien pour chanter avec eux la haute-contre.

1817.

OPERA. *Roger, roi de Sicile*, opéra en trois actes, paroles de M. Guy, musique de M. Berton; les *Fiancés de Caserte*, ballet en un acte,

par MM. Gardel et Milon, musique de M. Gustave Dugazon.

Reprises : Fernand Cortès, le Ballet de Psyché et les Danaïdes.

Débuts de MM Lecomte dans le chant, et
Montessu dans la danse.

Comedie Française. Le *Faux Bonhomme*,
comédie en trois actes, en vers, par M. Lemercier ; *Germanicus*, tragédie en cinq actes,
par M. Arnaud ; *Phocion*, tragédie en cinq actes,
par M. Royou ; *Adrienne Lecouvreur*, comédie
comédie en un acte, en vers, par ***la *Manie des
grandeurs* en cinq actes, en vers, par M. Alex.
Duval.

Reprises : le Séducteur et le Trésor.

Débuts de Mmes Brocard, Baptiste (Mme
Desmousseaux), Treille, Claret, Féart, Petit
et Laroche.

Opera-Comique. Les *Rosières*, en trois
actes, paroles de M. Théaulon, musique de M.
Hérold ; *le Revenant*, un acte, par MM. *** ;
les *Deux Capitaines de Hussards*, un acte,
par *** ; *Wallace*, trois actes, par Saint-
Marcellin, musique de M. Catel ; le *Caprice
d'une jolie Femme*, un acte, par *** ; le
Trompeur sans le savoir, trois actes, par *** ;
les *Hussards en cantonnement*, trois actes,

par MM. Lamartellière et Garcia; la *Clochette*, trois actes, par M. Théaulon, musique de M. Kreubé.

Reprise de Lodoïska.

Débuts de MM. Vizentini, Leroux, Déspéramons, Lemonnier, Malvigne, Velsch et de Mmes Clara Lacomme et Victorine.

Lavigne, pour des motifs qu'on ignore, envoie sa démission d'Agen,. où il donnait des représentations : cette démission est acceptée, et l'on n'a pas encore remplacé Lavigne. Retraite un peu forcée de Mmes Crétu et Moreau, deux sujets distingués de l'Opéra-Comique.

L'homme-Gris obtient autant de succès à l'Odéon, que l'année précédente la *Pie voleuse* en avait obtenu à la Porte-Saint-Martin ; le *Comte Ory* attire la foule au Vaudeville.

Mort de Richaud Martelly, auteur des *Deux Figaros*, que ses talens pour l'art théâtral, avaient fait surnommer le *Molé de la Province*.

Lepeintre paraît aux Variétés.

1818.

OPÉRA. *Zéloïde*, opéra en deux actes, paroles de M. Etienne, musique de M. Lebrun; *Proserpine*, ballet en trois actes, par M. Gardel, musique de M. Schneitzhoffer ; *Claire et*

Melctal, ballet en deux actes, par M. Albert, musique de M. Schneitzhoffer ; *Zirphile et Fleur de myrte*, opéra en deux actes, paroles de MM. de Jouy et Noël Lefevre, musique de M. Kreutzer ; les *Jeux Floraux*, opéra en trois actes, paroles de M. Bouilly, musique de M. Aymon.

Débuts : M. Pouilly dans le chant, Mlles Copère et Brocard dans la danse.

COMÉDIE-FRANÇAISE. La *Réconciliation par ruse*, comédie en un acte, en vers, par *** ; l'*Ami Clermont*, comédie en trois actes, en prose, ouvrage posthume de Marsollier ; le *Susceptible par honneur*, comédie en trois actes, en vers, par M. Gosse ; *Partie et Revanche*, comédie en un acte, en vers, par *** ; le *Manteau*, comédie en un acte, en vers, par M. Andrieux ; la *Fille d'honneur*, comédie en cinq actes, en vers, par M. Alex. Duval.

Reprise d'Electre et Démocrite.

OPÉRA-COMIQUE. Le *Frère Philippe*, en un acte, paroles de M. Duport, musique de M. Dourlens ; *Une Nuit au bois*, en un acte, paroles de ***, musique de M. Gavaux ; la *Comtesse de la Mark*, trois actes, Saint-Marcellin et *** ; la *Promesse de mariage*, en un acte, paroles de MM. Gersin et Dieulafoi musique de Benincori ; le *Petit Chapèron rouge*, en trois actes, par MM. Théaulon et Boïeldieu ; *Une Nuit au château*, un acte, paroles de M. Decok, musique de M. Mengal ; *Zadig* en un acte, paroles de M. Radet, musique de M· Catrufo ; la *Fenêtre secrette*, trois actes, MM. Dambreville et Batton ; les *Courses de New-Market*, en un acte, par ***.

C'est le 20 mars de cette année que le feu prit à la salle de l'Odéon ; les acteurs de ce théâtre obtinrent la permission de jouer à Favart ; d'abord ils n'y firent pas fortune ; mais le succès de la *Famille Glinet* et celui d'*Un Tour de faveur* les consolèrent bientôt de leur disgrâce.

C'est aussi cette année que l'Opéra-Comique (peut-être pour économiser un peu sur les droits d'auteurs) fit quelques emprunts à la vieille Comédie : il donna la *Ceinture magique*, de J. B. Rousseau, et la *Sérénade*, de Regnard ; le succès malheureusement ne répondit pas à ses bonnes intentions.

1819.

OPERA. *Olympie* ; reprise de *Tarare* ; débuts de MM. Damoreau, Noyrigat ; Mlle Caroline Lépi et Mme Fay dans le chant, et Mmes Cœlina

Feltis , Aurelie , Aubri et Vigneron dans la danse.

Rentrée et nouvelle retraite de Lavigne.

COMEDIE FRANÇAISE. *Hécube* , tragédie en trois actes, par *** ; *Orgueil et Vanité* , comédie en cinq actes , en prose , par M. Souques ; *Jeanne d'Arc* , tragédie en cinq actes , par M. Davrigny ; l'*Irrésolu* , comédie en un acte , en vers, par M. Leroy ; *Louis IX* , tragédie en cinq actes , par M. Ancelot ; le *Frondeur,* comédie en un acte , en vers , par M. Royou ; les *deux Méricourt* , comédie en un acte : en prose , par Mme Vanhove , et le *Marquis de Pomenars* , comédie en un acte, en prose, par Mme de Bawr.

A l'Odéon, les *Vêpres Siciliennes* , tragédie en cinq actes, par M. Casimir Delavigne ; *Un Moment d'imprudence* , comédie en trois actes, en prose, par MM. Wafflard et Fulgence.

Reprises : Les Trois frères rivaux, Athalie , les *Femmes Politiques,* de M. Gosse, *Brueis et Palaprat* , de M. Etienne , au premier théâtre Français ; Venceslas *l'Esprit de contradiction* , *Un jour-de faveur* , de M. Delatouche , la *Famille Glinet* , de M. Merville, le Somnambule , les *Petits Protecteurs*, de M. Daubigny à l'O-déon.

Débuts : MM. Aristippe, Déricour, Nanteuil, Alphonse , Mesdames Corneille , Paradol, Hervey , Derudder.

OPERA-COMIQUE : *les Époux indiscrets* , en un acte par *** les *Troqueurs*, en un acte , par MM. Dartois et Hérold ; *l'Isle de Babilary*, trois actes par ***, *l'Officier enlevé*, en un acte par MM. Duval et Catel; *Marini*, en trois actes, MM. Delrieu et Dourlens; le *Voyage incognito*, par MM. Planard et Gosse; *Edmon et Caroline*, un acte, ouvrage posthume de Marsollier , musique de Kreubé ; le *Testament et les Billets doux*, un acte , MM. Planard et Aubert ; Charles XII , trois actes , paroles de*** musique de M. Champ Courtois ; la *Cruche cassée*, un acte , MM***. et Lemierre.

Reprises: Azémia, la Belle Arsène, l'Homme sans façon.

Débuts, de MM. Fay et Damoreau.

Cette année est fertile en événemens d'une haute importance pour l'art Dramatique et théâtral. Ouverture d'un *second Théâtre Fran-çais*, qui inspire au premier non de l'inquiétude et de la jalousie, comme on s'est plu à le sup-poser, mais un juste sentiment démulation. Ap-

parition de plusieurs jeunes poëtes, qui promet-
tent encore de beaux jours à la scène française ;
amélioration dans le goût du public. On siffle les
mélodrames à la Porte-Saint-Martin , et l'on
applaudit les *Frères Féroces*, qui sont une satire
très ingénieuse de ce genre monstrueux. La
question du droit que les administrations théâtrales prétendent avoir, de garder à leur discré-
tion, les ouvrages des auteurs, dans leurs car-
tons, est enfin décidée : l'auteur d'*Albert de
Genève* obtient un jugement contre les directeurs
de la *Porte-Saint-Martin*, aux termes duquel
ils sont condamnés à jouer cet ouvrage dans trois
mois, ou à payer une somme de..... à l'auteur.
Avis aux gens de lettres, dont le théâtre Feydeau
se joue, dit-on, si insolemment.

Le premier *Soldat laboureur*, paraît au Cirque olympique. On doit ce petit tableau patriotique, à M. Ponet ; la police empêche la mise en
scène du *Tibère* de Chenier... Succès brillans des
charmans vaudevilles de la *Somnambule*, et des
Petites-Danaïdes. De pareils ouvrages vau-
draient probablement autant que la *Fille de
l'Exilé*, où l'action dure huit mois ; et où l'on
fait faire mille lieues aux spectateurs. Rendons
cependant grâce à ces extravagances ; elle pré-
servent nos grands théâtres de l'invasion du

genre romantique que de bons esprits cher-
chent à y introduire.

Un auteur met à l'Opéra comique, sous le
titre de *Charles XII*, La bataille de Pultawa,
vieux mélodrame de l'Ambigu-Comique; le public
renvoie l'ouvrage aux Boulevards; on apprend
que l'auteur ignorait l'existence du mélodrame,
et que sa pièce est une traduction des *deux souve-*
rains de Kotzebue. Malheureusement l'ouvrage
de Kotzebue lui-même n'était qu'une traduction de la bataille de Pultawa. Et puis fiez-vous
aux étrangers, quand vous leur faites des emprunts.

Mort du jeune Saint-Marcelin, à la suite d'un
duel; retraite de Lesage, de Mlle Clotilde, et
de *Fleury*.

1820.

OPÉRA. *Clari*, ballet en trois actes, par M.
Milon, musique de M. Kreutzer; *Aspasie et*
Périclès, opéra en un acte, paroles de M. Vien-
net, musique de M. Daussoigne; les *Pages du*
duc de Vendôme, ballet en un acte, par M.
Aumer.

Reprise d'*Arvire et Évélina*, réduit à deux
actes.

Début: M. Lafeuillade, Mmes Quiney et Tellière dans le chant; Mlle Buron, dans la danse.

Théatre français rue de Richelieu. *Marie-Stuart*, tragédie en cinq actes, par M. Lebrun; le *Flatteur*, comédie en cinq actes, en vers, par M. Gosse; le *Folliculaire*, comédie en cinq actes, en vers, par M. Delaville; le *Paresseux*, comédie en trois actes, en vers, par ***; *Jean de Bourgogne*, tragédie en cinq actes, par M. Deformont; l'*Amour et le procès*, comédie en un acte, en vers, par M. Gaugiran de Nanteuil; *Clovis*, tragédie en cinq actes, par M. Viennet.

Reprise de *Démétrius*, tragédie en cinq actes, par M. Delrieu, et d'*Apelles et Campaspe*, comédie en un acte, de M. Delaville.

Débuts: MM. Saint-Aulaire, Tiste, Charles, Perrier, Berthaud; Mmes Lebrun, Fitzelier, Verneuil, Vallette, Després et Calaut.

Odéon. Les *Comédiens*, comédie en cinq actes, en vers, par M. Casimir Delavigne; la *Bourgeoise ambitieuse*, comédie en un acte, en prose, par M. Humet-Dauvigneux; *Charles de Navarre*, tragédie en cinq actes, par M. Briffaut; les *Fausses apparences*, comédie en un acte, en prose, par ***; l'*Homme poli*, comédie et cinq actes, en vers, par M. Merville; *la Dame noire*, comédie en trois actes, en prose, par ***;

l'*Artiste ambitieux*, comédie en cinq actes, en vers par M. Théaulon; *Une promenade dans Paris,* comédie en un acte, en prose, anonyme; *Artaxerce,* tragédie en cinq actes, par M. Delaville; l'*Homme aux précautions,* comédie en cinq acte,s en vers, par M. Désaugiers; l'*Accident en voyage,* comédie en cinq actes, en prose, par M. G. Duval; *Eugène et Guillaume,* comédie en trois actes, en prose, par M. ***; *D. Carlos,* tragédie en cinq actes, de Lefevre; l'*Intrigant maladroit,* comédie en trois actes, en prose, par M. Picard.

Reprises : *Une Journée à Versailles* de M. G. Duval; l'*Homme gris* de M. Daubigny; les *deux Anglais* de M. Merville, *Phocion* de M. Royou; le *Jaloux malgré lui* de M. Delrieu; le *Menuisier de Livonie,* les *deux Philibert,* les *Ricochets,* le *Collatéral,* l'*Acte de naissance;* et la *Petite Ville* de M. Picard.

Débuts: MM. Prosper, Ernest, Dufour, Émile, Amédée. Mmes Percilliée, Jonas, Dutertre, Castro, Fïtzelier, Bodin.

OPÉRA-COMIQUE. La *Bergère châtelaine* en trois actes, paroles de M. Planard, musique de M. Auber; l'*Amant et le Mari,* en un acte, paroles de *** musique de M. Fétis; *Corisandre,* trois actes; de MM. Ancelot et Berton, la

Grille du Parc, en un acte, paroles de M. Sain-
tine, musique de M. Panseron ; la *Jeune tante*,
en un acte, paroles de M. Mélesville, musique
de M. Kreubé ; l'*Auteur mort et vivant*, en
un acte, de MM. Planard et Hérold.

Reprises : Le *Séducteur en voyage*, du Vau-
deville, sous le titre des *Voitures versées*, par
MM. Dupaty et Boïeldieu ; le *Jugement de
Midas*, et le *Magicien sans magie*.

Début de MM. Dérubelle et Leclere.

Cette année un horrible attentat a suspendu
les représentations théâtrales pendant dix jours,
dans le mois de février ; l'Opéra a été fermé et
n'a repris le cours de ses travaux que le 19 avril,
à la salle Favart.

Ouverture du *Gymnase Dramatique*, pri-
vilégé accordé à deux nouveaux Théâtres : *Panorama Dramatique* et *Théâtre de Deux
Heures*.

M. Lemercier fait connaître, par la voie de
l'impression, deux nouvelles tragédies, *Clovis*
que la comédie française avait ajournée sans
égard pour l'auteur d'Agamemnon ; et la *Démence de Charles VI*, dans laquelle la censure
trouva trop de patriotisme pour en permettre
la représentation.

Martin menace de se retirer et reste ; Madame Duret se retire.

Le *Théâtre Français* fait une tentative pour augmenter le prix des places : le public se fâche : on rétablit les choses sur l'ancien pied.

On fait une espèce d'*Arrondissement Dramatique* de la banlieue de Paris. M. Séveste est autorisé à y faire jouer des comédiens et des amateurs. Cet établissement aurait pu devenir très-utile à l'art théâtral, si l'on eût composé le répertoire de M. Séveste de comédies et de tragédies seulement ; mais comme il ne faut point donner d'inquiétude au Conservatoire, les théâtres de M. Séveste jouent surtout des vaudevilles et forment des sujets surtout pour le vaudeville ; aussi tous les théâtres de vaudevilles, (celui de la rue de Chartres excepté) ont des troupes fort bien composées, quand le premier théâtre de la nation n'a trouvé à se recruter pour la tragédie, que d'un héros de quatre pieds, onze pouces. Une pareille taille n'exclud assurément ni de grandes passions, ni de grands sentimens, ni une grande énergie, ni un grand talent enfin ; mais j'aurai toujours plus de plaisir à voir *Lepeintre*, dans le Soldat Laboureur; *Brunet*, dans le Procureur de l'Intérieur d'une Etude ; *Tiercelin*, dans le Coin de Rue; *Odry*, dans l'Homme Automate ; *Perlet*, dans le Comédien d'Etampes ; *Gonthier*, dans le Colonel; et *Potier*, dans Hoang-Pouf.

Le Mélodrame, qui chaque jour fait un pas vers la perfection et qui, en dépit des censeurs, n'est pas aussi rébelle aux règles d'Aristote, qu'on se plaît à le dire, le mélodrame essaie d'une nouvelle dénomination qu'il emprunte au Quintilien français. On commence à nous faire voir des *Mimo-Drames* aux Cirque de Messieurs Franconi. Quelques personnes diront peut-être que les pantomimes de l'Opéra, sont des mimo-drames, et qu'il n'était pas besoin d'associer La Harpe à une sottise ; ces personnes-là diront tout ce qu'il leur plaira, leur approbation est de fort peu d'importance dans tout ce qui concerne le mélodrame, le mimo-drame, la *pantomime - dialoguée* et les chevaux de Franconi : on ne les admettra à parler que quand le mimo-drame se montrera sur la scène française, ce qui n'est peut-être pas aussi éloigné qu'on le pense.

Joanny, jugeant qu'aux termes de l'ordonnance royale il n'y a point d'inconvénient à ce qu'un acteur du Second Théâtre Français passe au premier, s'engage à la rue de Richelieu ; grands débats entre les deux Théâtres, l'autorité intervient et tout s'arrange à l'amiable, Joanny reste au Faubourg-Saint-Germain.

Mort de Souques, de Vigée et de Lachabeaussière.

On voit, par cet aperçu rapide, que la décadence prévue et signalée, il y a vingt ans, par tous les esprits judicieux, a fait autant de progrès qu'elle en pouvait faire, cela ira jusqu'à la ruine totale de nos grands théâtres, et incessamment du plus intéressant de tous, si l'on n'y apporte un prompt remède.

Or, il faut d'abord que les spectacles de province cessent d'être administrés à Paris, l'autorité locale en sait là-dessus cent fois plus que tous les commis du Ministère de l'Intérieur réunis ensemble ; on peut continuer d'entretenir l'Ecole de Déclamation : elle ne fait pas de bien, mais pourvu qu'elle renonce à faire préférer ses élèves à des sujets exercés tels que la province nous les envoyait autrefois, il n'y a rien à dire ; ça été jusqu'ici une espèce d'Institut pour les comédiens auxquels on ne savait pas faire un plus grand honneur que de les appeler au professorat ; quantité d'honnêtes mères y trouvent d'ailleurs une voie à produire leurs filles, il n'y a rien de plus innocent. Les cathédrales nous forment des chanteurs ; et de ce côté tout ira pour le mieux quand on sera un peu plus réservé sur l'article des mandemens ; quand le clergé comprendra qu'il n'est ni de sa dignité, ni de sa prud'hommie de déclamer contre une profession que les lois tolèrent , et à laquelle on ne peut point reprocher d'avoir jamais propagé de mauvaises doctrines ; quand on renoncera à ces scandales de refus d'inhumation qui ôtent assurément de la considération aux comédiens , mais qui ne font pas déserter les théâtres. Il faut reléguer le mélodrame au Cirque Olympique ; les acteurs les plus habiles à jouer ce genre sont , sans contredit , ceux qui s'allieront le mieux avec les chevaux : il faut, à l'expiration de leurs priviléges , fermer tous les théâtres jusqu'à ce que le nombre en soit réduit à six ou sept , y compris celui de la banlieue ; il faut que la censure soit plus constitutionnelle, et qu'elle ne nous rappelle pas ce temps où elle forçait un auteur à substituer le mot *sultan* au mot *tyran*, car les chef-d'œuvres de notre littérature dramatique sont usés et il faut que nos auteurs aient un peu de liberté pour en faire de nouveaux , puis enfin nous vivons sous un Gouvernement constitutionnel. Pour ne pas éloigner la jeunesse lettrée de la carrière théâtrale, il faut remplacer l'espèce de considération dont

jouissaient jadis les comédiens, par une considération plus réelle ; il faut les rétablir à l'Institut
où leur art ne mérite pas moins d'être accueilli,
que celui de reproduire par le burin les œuvres du
génie de nos peintres. Il faut beaucoup d'autres
choses encore que nous dirons dans les années
suivantes à mesure que nous les pourrons croire
efficaces ; comme aussi nous ne manquerons pas
d'instruire nos lecteurs des tentatives qu'on aura
faites pour arrêter les progrès du mal.

OPÉRA. *

(*Académie royale de musique.*)

L'existence de l'Opéra, en France, date de l'an 1545. Ce fut le cardinal Mazarin qui l'y introduisit. Il fit venir à cet effet des acteurs d'Italie; et les établit au petit Bourbon, près le Louvre, où ils jouèrent *la Festa théatrale.* Cette pièce fut suivie, deux ans après, d'*Orphée et Euridice,* puis de l'*Andromède* de Corneille, tragédie à machines et mêlée de chants. En 1651 Bensérade y donna ses ballets où Louis XIV ne dédaigna pas de danser. Pierre Perrin entreprit de donner plus de régularité à ce spectacle et d'établir en France un véritable Opéra francais. Il en fit l'essai en 1659 par une pastorale que Lambert avait mise en musique. Ce ne fut cependant qu'en 1669 que Perrin obtint des lettres-patentes portant permission :

« D'établir en la ville de Paris, et autres du
« royaume, des *Académies de musique,*
« pour chanter en public des pièces de théâtre,
« comme il se pratique en Italie, en Allemagne

---

* Les représentations ont lieu le lundi le mercredi et le vendredi.

« et en Angleterre , pendant l'espace de douze
« années. » Il associa à l'exploitation de son privilège Lambert pour la musique et le marquis
de Sourdac pour les machines. Mais Lully qui
était plus habile courtisan que ces messieurs ,
obtint en 1672 de nouvelles lettres en forme
d'édit , supprimant le privilége de Perrin et portant : « Permission de tenir Académie royale
de musique ». Il ouvrit son théâtre rue de Vaugirard après s'être associé Viganoni machiniste
du roi. Molière étant mort l'année suivante,
Louis XIV donna son théâtre à Lully. Ce théâtre était situé au Palais-Royal , et avait été
construit par le cardinal de Richelieu. Le feu y
prit en 1763 : On transporta alors l'Opéra aux
Tuileries. En 1770, il retourna au Palais-Royal
où l'on avait reconstruit une salle qui fut con-
sumée de nouveau en 1781. Ce fut alors qu'on
bâtit le théâtre de la Porte-Saint-Martin qui
fut achevé en moins d'un mois. L'Opéra y fit
son entrée le 27 octobre par une représentation
donnée gratis au peuple pour s'assurer que la
bonne compagnie pouvait y assister sans danger.
En 1794 , le gouvernement acheta de la Montansier la salle qu'elle avait fait élever , en face
de la Bibliothèque, sur l'emplacement de l'hôtel Louvois ; l'Opéra y fut placé et y resta jus-

qu'à la funeste journée du 13 février 1820. Le 19 avril de la même année, il passa au théâtre Favart; et le 19 août 1821 à la nouvelle salle.

C'est à M. Debret aidé de MM. Guerchy et Grignon qu'on doit cet édifice. La décoration de la façade est une heureuse réminiscence de la basilique de Sienne, l'un des chefs-d'œuvre de Palladio. L'entrée se compose d'un double vestibule dont la première et la plus vaste portion ouvre sur la rue par sept arceaux garnis de vitres : C'est là que se fait la distribution des billets. Quatre escaliers aboutissent à l'autre qui est orné de colonnes. De ces quatre escaliers deux conduisent aux loges, à l'orchestre, à l'amphithéâtre et au foyer ; les deux autres au parterre. La décoration de la salle consisté en un fond bleu rehaussé d'or. On a supprimé les baignoires d'avant-scène. Les loges sont appuyées sur deux colonnes d'ordre Corinthien. Le foyer est précédé d'un vestibule dont l'élévation est égale à celle des deux étages de loges, et qui sert de pallier aux deux escaliers principaux. Les corridors sont larges et bien aérés, et les dégagemens si nombreux, que la salle pourrait être entièrement évacuée dans l'espace de cinq minutes. Trois issues sont ouvertes sur des points opposés du périmètre de l'édifice ; l'une,

rue Pelletier, pour les équipages; une autre,
rue Pinon, pour les voitures de places ; la troisième , rue Grange-Batelière, pour les piétons,
qui peuvent cependant faire usage de toutes les
trois.

Les personnes qui ont pris part à la cons-
truction de cet édifice, sont :

POUR LA SALLE.

Charpente et menuiserie MM. Bellu (Auguste)
Maçonnerie   Chatenet et Constant
Serrurerie   Héron et Travers

POUR LE THÉATRE.

Charpente   MM. Albouy
Maçonnerie   Gouffier
Menuiserie   Poullain
Serrurerie   Albouy jeune
Peinture   Ciceri
Ornemens   Hirtch

Les moyens employés pour le chauffage, l'é-
clairage , l'assainissement sont dus à MM. Dar-
cet, membre de l'Institut; Gingembre, ancien
inspecteur-général des monnaies, et Jecker,
opticien de la marine.

Surintendance.

M. le marquis de Lauriston, ministre de la maison du Roi, surintendant, à l'hôtel du ministère, rue de Grenelle.

M. le baron Papillon de La Ferté, intendant-général des théâtres royaux et du matériel des fêtes et cérémonies, aux Menus-Plaisirs, rue Bergère.

Administration.

MM. Habeneck, directeur.
Durais, chef au matériel.
Dubois, régis^r de la scène.
Grand-Sire, secrétaire de l'administration.

} à l'Opéra.

Bureaux.

M. Luzi, chef.

Expéditionnaires.

MM. Pujot.
Alexandre Courtin.
Bigame.
Jary, garçon de bureau.

Caisse.

MM. Bonnemer, caissier.
Preux, commis.
Ducoin, préposé aux locations.
Petit, garçon de bureau.

} à l'Op.

CHANT.

Maître de la scène, premier chef de chant.

M. Adrien, faubourg Poissonnière, n° 5.

Chefs de chant.

MM. Piccini, rue Mêlée, n° 34.
Fasquel, répétiteur des chœurs, rue St.-
Pierre Montmartre, n. 10.

Premiers.

MM. Lays, rue Montesquieu, n. 4.
Dérivis, rue neuve des Petits-Champs,
n. 39.
Nourrit, rue rameau, n. 6.

Mmes Branchu, rue de Richelieu, n. 7.
Grassari cadette, rue Chantereine, n. 30

Remplacemens.

MM. Bonel, rue Rameau. n. 1.
Éloi, rue des Filles St.-Thomas. n. 17.
Prévôt fils, passage Saulnier, n. 2.
D'Abadye, rue de Grétry, n. 2.
Lafeuillade, rue de Provence. n. 5.
Pouilley, barrière Rochechouart, n. 4.
Valer, boulevard des Italiens, n. 9.

Mmes Paulin, rue Ménars, n. 10.
Leroux, rue de Provence, n. 3.
Caroline Lépy, rue Traversière, n. 37.
Quiney, rue du Croissant, n. 20.
Tellier, rue Pinon, n. 8.

Débutantes.

Mlle Sainville, rue Marivaux, n. 1.
Mme Julien, rue Beauregard, n. 9.

Doubl s.

M. Trévoux, rue Rochechouart, n. 7.

CHŒURS.

Les Artistes marqués d'une astérique, chantent
aussi l'opéra italien.

Basses-tailles.

MM. Lecocq , rue de l'Éperon, n. 9.
Picard , rue des Martyrs, n. 38.
Prévôt , rue Mandar , n. 1.
* Levasseur , rue Traînée , n. 13.
Rey, faubourg Montmartre, n. 43.
Bouvenne , *idem.*
* Richetaux, rue Clos-Georgeot , n. 3.
* Quignot , rue St.-Denis, n. 319.
* Goyon (dit Simon), rue de Vendôme.
Godefroy, rue Chapon, n. 32.
Boulan , rue neuve St.-Augustin , n. 9.
Sallard , rue de Grétry , n. 2.
Royez , rue Beaujolais , n· 10.
Ducauroy , rue de Grenelle , n. 95.
Hémery , rue Chapon , n. 28.
L'Allemand, rue des vieilles Thuileries.

Seconds tenors.

MM. Martin, rue St.-Honoré , n. 274.
Ménars , barrière Clichy , n. 8.
* Liger, *idem* , n. 26.
* César , rue Basse-du-Rempart, n. 56.
Murgeon , faubourg Montmartre , n. 39.
Legros , rue Rameau , n. 8.
* Bégrez , faubourg St.-Denis, n. 16.
* Guyon , rue Ste.-Anne , n. 14.

Premiers tenors.

MM. Gaubert, rue Notre-Dame des Victoires,
n. 11.

Gousse , rue de la Corderie , n. 4.
Courtin , rue d'Argenteuil , n. 34.
* Vaillant , rue de Cléry.
* Gonthier , rue de Condé , n. 19.
* Picarda , rue de la Calandre , n. 34.

Dessus.

Mmes Himm, rue des Filles St.-Thomas, n. 17.
Cantagril , rue des Martyrs , n. 5.
Chevrier , rue Neuve St.-Augustin , n. 9.
Valain , faubourg St.-Martin , n. 13.
* Beaumont, rue de Chartres , n. 8.
Lacombe , rue St.-Étienne, n. 9.
* Lebrun, rue Louvois , n. 7.
* Reine , faubourg Montmartre , n. 8.
Fasquel , rue St.-Pierre Montmartre ,
   n. 10.
Maze, rue Louvois , n. 7.
* Falcoz , rue
Ménard aînée , rue Rameau , n. 8.
Proche , rue des Colonnes , n. 2.
Ménard cadette , rue Marivaux , n. 1.
* Groneau , rue Rameau , n. 11.
* Lorotte, rue Vantadour, n. 8.
* Dussard, rue Neuve St.-Eustache, n. 29.
* Augusta , rue de Louvois , n. 5.
Delbois, faubourg Montmartre , n. 23.
Level , rue d'Artois , n. 26.
Gallet , faubourg Montmartre , n.
* Blangi, rue de la Michaudière , n. 12.
Gambin , rue Rameau , n. 7.
* Fenouillet , rue Montmartre , n. 84.
Lafond , rue Feydeau , n. 5.
Bataillard , rue Favart, n. 8.
Virginie Lecoq , rue Taitbout , n. 16.
Lepoing , rue de Chartres, n. 8.

Accompagnateurs.

MM. Granier, Passage du Vigan.
Piccini, rue Mêlée, n. 34.
Armand, accordeur, rue des Moulins.
Vernier, harpiste, rue

DANSE.

Maîtres des Ballets.

MM. Gardel, rue de Clichy, n. 36.
Milon, rue Neuve-St.-Augustin, n. 18.
Aumer, rue d'Artois, n. 24.

Inspecteur.

Lebel, rue Pinon, n. 8.

Répétiteurs des Ballets.

MM. Launer, rue Neuve—St.-Augustin, n. 24.
Pilotte, rue Bellefonds, n. 30.
Léchard, Faubourg St.—Denis, n. 6.

Premiers.

MM. Albert, rue des Moulins, n. 15.
Paul, rue Montmartre, n. 170.
Ferdinand, rue Bergère, n. 22.

Mmes Bigottini, rue de Richelieu, n. 69.
Fanny Bias, rue Grange-Batelière, n. 17.

Remplacemens.

MM. Montjoie, rue Cadet, n. 9. (bis.)
Coulon, fils, rue des Colonnes, n. 10.
Barré, rue...

Mmes Anatole Gosselin, rue Bergère, n. 19.
Marinette Boissière, rue Taitbout, n. 27.

Aimée, rue Chantereine, n. 22.
Noblet, rue Bleue, n. 27.
Copère, rue de la Ferme des Mathurins.
Elie, rue Pagevin, n. 7.
Vigneron, rue Marivaux, n. 1.
Paul, rue Montmartre, n. 170.

Doubles.

Mérante, rue du Coin, n. 24.
Montessu, rue Traversière, n. 39.
Capelle, rue St.-Lazare, n. 79.
Eugène, Faubourg Montmartre, n. 50.

Mmes Gaillet, rue de Provence, n. 5.
Bertin, rue de la Michaudière, n. 18.
Virginie Hullin, rue du Mail, n. 2.
Brocard, rue Pelletier, n. 19.
Aurellie, rue de Clichy, n. 29.
Buron, Faubourg Montmartre, n. 60.
Aumer, rue d'Artois, n. 24.

Ballets.

MM. Auguste, rue Mandar.
Petit, rue Chantereine, n. 22.
Beaulin, rue St.-Denis, n. 366.
Rivière, Faubourg St.-Denis, n. 56.
Seuriot cadet, rue d'Artois, n. 24.
Godefroy, Faubourg Montmartre, n. 4.
Lenfant, boulevard de la Madeleine, n. 1.
Bance, rue Molière, n. 2.
Cupet, Faubourg Montmartre, n. 63.
Romain, rue Pinon, n. 8.
Péqueux, rue de Richelieu, n. 56.
Alerme, rue St.-Florentin, n. 14.
Groneau, rue de Cléry, n. 90.
Faucher, rue d'Argenteuil, n. 14.

Gallet, rue de Rochechouard, n. 14.
Châtillon, rue Traversière, n. 23.
Martin, marché d'Aguesseau, n. 1.
Gosselin, rue Bergère, n. 19.
Mignot, rue de Choiseuil.
Vincent, rue Roquepine, n. 8.
Richard, aîné, boulevard St.-Martin, n. 57.
Elie, rue Chabannais, n. 11.
Lefèvre, rue Neuve-St.-Martin, n. 39.
Guillé, rue St.-Anastase, n. 18.
Isambert, rue Traversière, n. 32.
Bassin, rue des Fontaines, n. 12.
Gondin, rue du Doyenné, n. 3.
Deshaye, rue Neuve-St.-Martin.
Desforges, cloître St.-Honoré, n. 16.

Mmes Podevin, rue du Petit-Carreau, n. 17.
Coulon, passage des Petits-Pères, n. 1.
Rouches, rue du Petit-Carreau, n. 17.
Adélaïde, rue de Provence, n. 8.
Proche, rue des Colonnes, n. 2.
Monjoie, rue Cadet, n. 9 (bis.)
Beaudesson, rue des Colonnes, n. 4.
Pallard, rue Neuve des Bons-Enfans, n. 9.
Naderkor, rue Feydeau, n. 11.
Angéline, rue Neuve-St.-Augustin, n. 37.
Darmancour, faubourg Poissonnière, n. 10.
Gosselin, 2me, rue Bergère, n. 19.
Brocard cadette, faubourg Montmartre,
Legallois, rue de Grétry, n. 1.
Seuriot (Jenny), rue Marivaux, n. 1.
Kaniel, rue d'Artois, n. 12.
Barré, rue de Richelieu, n. 78.

Pérès, rue des Petits-Pères, n. 10.
St.-Victor, rue Rameau, n. 7.
Jenevaux, faubourg Montmartre, n. 21.
Ferrète, rue Vivienne, n. 16.
Perceval, rue Taitbout, n. 15.
Devarenne, faubourg Poissonnière, n. 20.
Roland, rue Feydeau, n. 16.
Aline Dorlé, rue Chabannais, n. 12.
Lemonier, rue de Provence, n. 4.
Grenér, faubourg Poissonnière, n. 9.
Seuriot, 2me, rue d'Artois, n. 24.
Lecomte, rue Ménars n. 10.
Levasseur, faubourg Poissonnière, n. 43.
Pasdeloup, rue d'Argenteuil, n. 22.
Brécour, faubourg Montmartre, n. 17.
Joly, rue de Choiseuil, n. 4 (*bis*.)
Foursisy, rue de Richelieu, n. 72.
Aulier, rue Coquenard, n. 20.

PROFESSEURS DES ÉCOLES.

De Pantomime.

M. Milon, rue Neuve St.-Augustin, n. 18.

De Danse.

M. Maze, rue de Louvois, n. 7.

Prévôts de l'École de danse.

MM. Romain, rue Pinon, n. 18.
Paul, rue Neuve des Petits-Champs, n. 35.

ÉLÈVES.

Garçons.

Crombé.   Lefevre.
Lambert.   L'Enfant.

Ropiquet.
Domont.
Olivier.
Faucher.
Guiot.
Pillain.
Châtillon.

Crombé jeune.
Péan.
Rousselot.
Dejazet.
Goudouin.
Ambroise.
Portheau.

Ferdinand.

Demoiselles.

Paillez.
Beaupré.
Bernadin.
Artaut.
Goyon.
Constance.
Maillet.
Berry.
Leroux, 1re.
Bassompière.
Gaune.
Bertrand 1re.
Grener.
Aubert.

Péan.
Leroux, 2me.
Rongueleu.
Roulot.
Normand.
Pauline.
Bristoff.
Quépeler.
Coupotte
Kampant.
Chavigny.
Cava.
Anquetil.
Bertrand, 2me.

ÉCOLE DE PERFECTIONNEMENT.

Professeur.

M. Coulon, rue Montmartre, n. 113.

Élèves.

MM. Gosselin.
Leblond.
Raguène.
Richard cadet.

Mlles Nanine.
Brocard aînée.
Legalloy.
Maria.

Ecole de perfectionnement pour les hommes.

Professeur.

M. Vestris, allée des Veuves, n. 5.

Élèves.

MM. Montessu.
Richard aîné.
Crombé, *idem.*
Armand Desforges.

ORCHESTRE.

Chefs.

1 MM. Kreutzer aîné, rue de Provence, n. 17.
2   Valentino, rue de Louvois, n. 10.

Premiers violons

1 MM. Habeneck, rue des Filles St.-Thomas, n. 21.
2   Launer, rue Neuve St.-Augustin, n. 24.
3   Kreutzer jeune, rue d'Artois, n. 36.
4   Chélard, rue de Buffon, n. 2.
5   Léchard, faubourg St.-Denis, n. 6.
6   Lalance, rue de la Tour d'Auvergne.
7   Guénée, rue des Martyrs, n. 38.
8   Pilatte, rue de Buffaut, n. 2.
9   Anson, rue d'Enfer, n. 56.
10   Corentin Habeneck, rue Montmartre,
11   Vidal, rue Grange-Batelière, n. 28.
12   Ormand, rue Chabannais, n. 4.

Seconds violons.

1.   Chol jeune, rue Neuve des Petits-Champs, n. 21.

2   Pagniès, rue de l'Université, n. 46.
3   Samson, rue des Filles St.-Thomas, n. 21.
4   St.-Laurent, boulevard Poissonnière, n. 12.
5   Duret, rue Vivienne, n. 18.
6   Sauvageot, rue Mêlée, n. 33.
7   Manceau, rue du Temple, n. 61.
8   Gosse, rue de Filles St.-Thomas, n. 17.
9   Verdiguier, rue Neuve Ste-Catherine, n. 11.
10   Xavier, rue de Clichy, n. 18.
11   Dufresne, rue de la Paix, n. 3.
12   Rochefort, rue de Lancry, n. 22.

Haut-bois.

1 MM. Wogt, rue de l'Échelle, n. 9.
2   Brod, boulevard Bonne-Nouvelle, n. 10.

Flûtes.

1 MM. Tulou, faubourg Montmartre, n. 4.
2   Lépine, rue des Filles St.-Thomas, n. 17.
3   Guillou, rue de la Tour d'Auvergne, n. 30.

Clarinettes.

1 MM. Lefèvre (Louis), faubourg Montmartre, n. 8
2   Lacosta, faubourg Poissonnière, n. 8.
3   Péchignier, faubourg Montmartre, n. 25.

Cors.

1 MM. Dauprat, rue de Richelieu, n. 48.

2   Colin aîné , faubourg Montmartre.
3   Colin jeune, rue Chantereine , n. 56.
4   Mengal, faubourg Montmartre , n. 56.
5   Blangi , rue de la Michaudière , n. 12.

Bassons.

1 MM. Widet, rue Neuve-St.-Etienne, n. 3.
2   Gébauer , rue des Moulins , n. 28.
3   Dossion, carré St.-Denis , n. 398.
4   Barizet, rue J.-J. Rousseau , n. 22.

Trompettes.

1 MM, Daverre ,⎱ hôtel des Gardes du Corps
2   Bulh ,   ⎰ de S. M.

Trombonnes.

1 MM. Gutman , fils , rue St.-Denis, n. 304.
2   Cornu , rue Chanoinesse , n. 2.
3   Bénard , rue Bourbon St.-Germain ,
        n. 23.

Altos.

1 MM. Quinnébaux, rue St.-Honoré, n. 364.
2   Lefèvre, rue Sainte-Anne , n. 58.
3   Amédée, rue de Bondi , n. 38.
4   Frey, place des Victoires , n. 8.
5   Urhan , Faubourg Montmartre , n. 13.
6   Blondot , rue Poissonnière , n. 24.

Harpistes.

1 MM. Callot , rue Chabannais , n. 3.
2   Vernier, rue Dauphine , n. 8.

Violoncelles.

1 MM. Levasseur , aîné , rue de la Monnaye ,
        n. 24.
2   Vaslain, rue St.-Denis, n. 19.
3   Rey, rue Papillon , n. 4.

4   Prunel, rue de Cléry, n. 29.
5   Levasseur, jeune, rue de Sèvres, n. 31.
6   Norblin, rue Montmartre, n. 39.
7   Tourte, rue de la Monnaie, n. 24.
8   Saint-Aubin, rue
9   Charles, rue Neuve-Saint-Augustin, n. 24.
10 Porte, Faubourg Montmartre, n. 4.

Contrebasses.

1 MM. Chenier, rue Thibotodé, n. 12.
2   Gelineck, rue Neuve-St -Roch, n. 30.
3   Rifaut, rue du Cadran, n. 11.
4   Hoffelmayer, rue du Sentier, n. 6.
5   Chappuy, rue St.-Honoré, n.
6   Lami, rue Grange-Batelière, n. 9.
7   Chaff, rue de Paradis, n. 4.

Timballier.

M. Sckneitzhoëffer, fils, rue Louis-le-Grand, n. 14.

Bibliothécaire-copiste.

M. Lefèvre, rue Ste-Anne, n. 58.

Gardienne des instrumens.

Mme Barnou, rue Montmartre, n. 157.

Service du théâtre et de la scène.

MM. Gromaire, machiniste en chef.
Héri, premier machiniste.
Barsai, mécanicien.
Floquet, transporteur des décorations.
Rousselot, inspecteur, rue Montmartre.
St.-Prix, chef des comparses.
Valère, tambour, rue de Verneuil, n. 42.

Piuzon , distributeur des feux.

Avertisseurs.

Renaud. | Pour le chant.
Cronier. |

Herbin. |
Raguène. | Pour la danse.
Levasseur. |

Service de la salle.

Inspecteur de la salle.

M. Rébory, rue de la Corderie ; n. 8.

Sous-Inspecteur.

M. Favart , rue Rameau , n. 9.

Buralistes.

MM. Preux.
Rouvard.
Jalaguier.

Contrôleurs.

Delaître. |
Germain. | Grande porte.
Parisot , à l'amphithéâtre.

Échangeurs.

Taurf.
Joli.
Plet.
Auguste.
Huart, indicateur.

Receveurs au parterre.

Moujot.
Poussé.

Laurent.
Petit.
Goujon. ⎱ 2mes placeurs.
Petit. ⎰

Martin , receveveur à l'amphithéâtre.
Bouchon , à la loge du Roi.
Robert , à la loge des ambassadeurs.

Concierge.

Herbin , porte des Artistes.
Martin , porte de l'administration.
Bonardi , surveillant des feux.

Ouvreuses de loges.

Mmes Roullet (à la loge du Roi), Joly, Godefroy, Tabutin, Romain, Mante, Chevrier,
Grévin , Dessé , Durand , Didier , Martin , Cava, Grévin fille , Fompré , Dé-
gault , Naurès , Dufresne , Berteuil ,
Drouin , Duchesne, Charpentier.

Atelier de peinture.

MM. Dégotti , Cicéri , Daguerre, chefs.
Desfontaines , inspecteur-peintre.
Dumai, peintre de paysages.
Thomas, peintre d'architecture et d'or-
nemens.
Bara aîné , traceur.
Bara cadet , pour la figure.
Léger, ⎱ élèves.
Leroux , ⎰

Atelier d'habillement.

MM. Himm , inspecteur.
Auguste Garnerey , dessinateur.

Menoud , garde magasin.
Milony, commis aux écritures.
Marche , tailleur en chef.
Delaistre, adjoint.
Leroy, coiffurier.
Dargent, adjoint.
Calipé , coiffeur des dames.
Renaud, coiffeur des hommes.

SERVICE DE SANTÉ.

Médecins.

MM. Guersent, rue de Braque, n. 2.
Pétroz , rue du Bouloy, n. 4.

Chirurgiens.

MM. Dausse , rue Grange–Batelière , n. 10.
Tartra , rue Gaillon, n. 5

Pharmacien.

M. H. Pétroz , pharmacien en chef de la cha–
rité.

Comité de lecture.

1º Les Membres de l'Administration.
2º MM. Raynouard.
　　　　Michaud.
　　　　Charles Nodier.
　　　　Picard.
　　　　Briffaud.
　　　　St.-Just.
　　　　De Nagent.
　　　　Chérubini.
　　　　Boieldieu.
　　　　Berton.

Répertoire des pièces représentées à l'Opéra depuis le commencement du dix-neuvième siècle, et de celles d'une date antérieure qui sont restées au théâtre.

Abel, opéra en trois actes, de MM. Hoffmann et Kreutzer. 1810

Achille à Scyros, ballet en trois actes. Gardel et Chérubini. 1804

Acis et Galathée, ballet en un acte. Duport
et Darondeau 1806

Adrien, opéra en trois actes. Hoffmann ;
Méhul. 1799

Alceste, opéra en trois actes. Duralet ;
Gluck. 1776

Alcibiade solitaire, opéra en deux actes. Cuvelier ; Piccini. 1814

Alexandre chez Apelles, ballet en deux
actes. Gardel ; Catel. 1804

Amazones (les , opéra en trois actes. Jouy ;
Méhul. 1811

Amour à Cythère (l'), ballet en deux actes, Henry ; Gaveaux. 1806

Anacréon, opéra en deux actes, Guy ;
Grétry. 1797

Anacréon ou l'amour fugitif, opéra en
deux actes. Mendoze ; Chérubini. 1803

Antoine et Cléopâtre, ballet en trois actes. Aumer ; Kreutzer. 1808

Aristippe, opéra en deux actes, Giraud,
Leclerc ; Kreutzer. 1808

Arvire et Evelina, opéra en trois actes.
Guillard ; Sachini. 1788

Aspasie et Périclès, opéra en un acte.
    Viennet ; Daussoigne.   1820

Astianax, opéra en trois actes. Dejaure ;
    Kreutzer.   1801

Bardes (les), opéra en trois actes. Dercy,
    D.... ; Lesueur.   1804

Bayadères (les), opéra en trois actes. Jouy ;
    Catel.   1810

Caravane (la) opéra en trois actes. Morel ;
    Grétry.   1784

Carnaval de Venise (le), ballet en un acte.
    Milon, Persuis ; Kreutzer.   1817

Casque et les colombes (les), opéra en un
    acte. Guillard ; Grétry.   1801

Clari, ballet en trois actes. Milon ; Kreut-
    zer   1820

Castor et Pollux, opéra en trois actes.
    Bernard ; Winter.   1806

Connétable de Clisson (le), opéra en trois
    actes. N... ; Porta.   1784

Danaïdes (les), opéra en quatre actes.
    Tschoudi ; Saliéri.   1784

Dansomanie (la), ballet en deux actes.
    Gardel ; Méhul.   1800

Daphnis et Pandrose, ballet en deux actes.
    Gardel ; Méhul.   1803

Dardanus, opéra en trois actes. Labruère;
    Guillard; Sacchini.   1784

Delphis et Mopsa, opéra en deux actes.
    Gui ; Grétry.   1802

Devin du village (le), opéra en un acte ;
    J.-J. Rousseau.   1753

Didon, opéra en trois actes. Marmontel;
    Piccini.   1783

Dieux rivaux (les), opéra en un acte. Dieu-

lafoi, Briffaut ; Persuis, Spontini, Ber-
ton , Kreutzer.   1816
D. Juan, opéra en un acte. Thuring ; Mo-
zart, Baillot.   1805
Echo et Narcisse, opéra en un acte. Tschou-
di, Beaunier ; Gluck , Berton.   1806
Enfant prodigue (l'), ballet en trois actes.
Gardel ; Berton.   1812
Enlèvement des Sabines (l'), ballet en
trois actes. Milon ; Berton.   1811
Epreuve villageoise (l') ballet en deux ac-
tes. Milon ; Persuis.   1815
Fête de Mars (la), ballet en un acte. Gar-
del ; Kreutzer.   1809
Fiancés de Caserte (les), ballet en un
acte. Gardel, Milon ; G. Dugazon.   1817
Figaro, ballet en trois actes. Duport.   1806
Flaminius à Corynthe , opéra en un acte.
Guilbert, Lambert ; Kreutzer, Nicolo.   1801
Flore et Zéphyre , ballet en deux actes.
Didelot, Venna.   1813
Heureux retour (l') ballet en un acte.
Gardel, Milon, Persuis, Berton, Kreut-
zer.   1813
Hyppomène et Atalante, opéra en un
acte. Lehoc ; Piccini.   1810
Inauguration du temple de la victoire,
opéra en un acte. Baour ; Persuis , Le-
sueur.   1807
Iphigénie en Aulide, opéra en trois actes.
Durollet ; Gluck.   1774
Jérusalem délivrée , opéra en trois actes.
Baour ; Persuis.   1812
Jugement de Pâris (le) ballet en trois ac-
tes. Gardel ; Miller.   1793

Laboureur Chinois (le), opéra en un acte.
  Morel.   1813
Lucas et Laurette, ballet en un acte.
  Milon ; Lefebvre.   1803
Mahomet II, opéra en trois actes. Saul-
  nier ; Jadin.   1803
Médée et Jason, opéra en trois actes.
  Milcent ; Fontenelle.   1813
Mort d'Adam (la) opéra en trois actes.
  Guillard ; Lesueur.   1809
Murs de Jéricho (les), opéra en trois parties. 1805
Mystères d'Isis (les) opéra en quatre actes.
  Morel ; Mozart, Lachnit.   1801
Nathalie, opéra en trois actes. Guy ;
  Reicha.   1816
Nephtali, opéra en trois actes. ***; Blan-
  gini.   1806
Nina, ballet en un acte. Milon ; Per-
  suis.   1813
Noces de Gamache (les) ballet en deux
  actes. Milon ; Lefebvre.   1801
OEdipe, opéra en trois actes. Guillard ;
  Sacchini.   1797
OEnone, opéra en trois actes. Lebailli ;
  Kalkbrenér.   1812
Olympie, opéra en trois actes. Briffaut,
  Dieulafoi ; Spontini.   1819
Oriflamme (l'), opéra en un acte. Etienne,
  Baour ; Méhul, Paër, Kreutzer, Berton. 1814
Orphée, opéra en trois actes. Molino ;
  Gluck.   1774
Panurge, opéra en un acte. Morel ; Gré-
  try.   1785
Paul et Virginie, ballet en trois actes.
  Gardel ; Kreutzer.   1806

Pages du duc de Vendôme (les) ballet en
un acte. Aumer.   1820
Pavillon du Calife(le), opéra en deux actes.
Morel ; Dalayrac.   1804
Pélage, opéra en deux actes. Jouy; Spontini. 1814
Persée et Andromède, ballet en trois ac-
tes. Gardel; Méhul.   1810
Prétendus (les) opéra en trois actes. Ro-
chou ; Lemoine.   1789
Princesse de Babylone (la) opéra en trois
actes. Tigée ; Kreutzer.   1815
Proserpine, opéra en trois actes. Qui-
nault, Guillard ; Paësiello.   1803
Proserpine, ballet en trois actes. Gardel ;
Schneitzhaffer.   1818
Psyché, ballet en trois actes. Gardel ;
Miller.   1690
Retour de Zéphyre (le) ballet en un acte.
Gardel ; Steibelt.   1892
Roger de Sicile, opéra en trois actes. Guy;
Berton.   1817
Rossignol (le) opéra en un acte. Etienne ;
Lebrun.   1816
Saül, opéra en trois parties. Morel, N***;
Lachnith, Kalkbrener.   1803
Sauvages de la mer du Sud (les), ballet
en un acte. Milon ; Lefebvre.   1816
Séducteur au village (le) ballet en un acte.
Albert ; Schneitzhaffer.   1818
Sémiramis, opéra en trois actes. Dériaux;
Catel.   1802
Servante justifiée (la) ballet en un acte.
Gardel ; Kreutzer.   1818
Sophocle, opéra en deux actes. Morel ;   1811
Fiocchi.

Tamerlan , opéra en quatre actes. Morel ;
   Winter.   1802

Tarare , opéra en trois actes. Beaumar-
   chais ; Saliéri.   1787

Télémaque , ballet en trois actes.Gardel ;
   Miller.   1790

Triomphe de Trajan (le) opéra en trois
   actes. Esménard ; Persuis.   1807

Triomphe du mois de mars (le), opéra en
   un acte. Dupaty ; Kreutzer.   1811

Ulysse, ballet en trois actes. Milon ; Persuis.   1807

Venus et Adonis , ballet en un acte.
   Gardel ; Lefebvre,   1810

Vestale (la), opéra en trois actes. Jouy ;
   Spontini.   1807

Volage fixé (le), ballet en un acte. Duport.   1806

Zéloïde, opéra en deux actes. Etienne; Lebrun.   1818

Zirphile et fleur de myrthe , opéra en
   un acte. Jouy ; Catel.   1818

Vertumne et Pomone, ballet en un acte,
   Gardel ; Lefebvre.   1810

THÉATRE FRANÇAIS.

On croit assez généralement, que le théâtre ne date chez nous, que de cette époque où

De pélerins, une troupe grossière,
En public à Paris, y monta....

Selon plusieurs auteurs, les *Gaulois* et les *Francs*, avaient des jeux et des spectacles pour l'exercice du corps et celui de l'esprit. On place ensuite en France, l'origine des histrions, farceurs ou bouffons, au temps de la première race de nos rois. Mais ce qu'il y a de bien certain à cet égard, c'est qu'il y en avait du temps de Charlemagne ; car on a, à la date de 789, une ordonnance de ce prince, qui les supprime, à cause de l'indécence de leurs jeux.

Le peuple, toujours avide de spectacles, suppléa à celui qu'on lui ôtait, par un autre, dont la piété fut le prétexte. La célébration de la fête des saints, donna lieu à la représentation de farces, jusques dans les églises. Eudes de Sully, évêque de Paris, censura ces profanations en 1198 ; et la faculté de théologie les défendit en 1444. On vit dans cet intervalle les trouvères ou troubadours, et les jongleurs, que

Philippe Auguste et ses successeurs, protégèrent et persécutèrent tour-à-tour. Les *pélerins* parurent sous le règne de Saint-Louis. Ils furent supprimés en 1398 ; mais en 1402, Charles VI leur accorda le privilége de représenter des mystères. Ils prirent le titre de *Confrères de la Passion*, et s'établirent à l'hôpital de la trinité, où ils jouèrent les fêtes et dimanches. Les curés de Paris, voyant ces représentations si agréables au public, avancèrent l'heure des vêpres, afin que leurs paroissiens y pussent assister. Comme les plus belles choses du monde intéressent moins à mesure qu'elles sont plus connues, les mystères finirent par ennuyer. Les confrères s'associèrent alors avec le *Prince des sots.* On appelait ainsi le chef d'un troupe de farceurs qui s'étaient fait connaître depuis quelques années, sous le titre d'*Enfans sans souci.* Il jouèrent sur le théâtre de la trinité jusqu'en 1540 ; mais ayant été obligés de quitter cette maison, ils louèrent l'hôtel de Flandres, où ils restèrent jusqu'en 1543. François Ier, ayant fait démolir cette maison, ils achetèrent une partie de l'hôtel de Bourgogne, et s'y établirent définitivement. Le Parlement confirma leur privilége en 1548 ; mais il leur enjoignit de ne jouer à l'avenir que des sujets profânes, licites et honnêtes ; et de ne plus entremêler dans leur jeux, rien qui eût rapport aux mystères ou à la religion.

Les clercs de la *Bazoche*, excités par les premiers succès des mystères, demandèrent aussi la permission de donner des jeux scèniques, dont ils avaient composé les poèmes; mais il ne leur fût accordé que trois jours par an, pour ces représentations : le jeudi d'après les rois , le 1er de mai, et un autre jour peu distant de celui-là. Mais, dans la suite, il saisirent toutes les occasions qui se présentèrent; comme entrées des rois et des reines, victoires remportées sur les ennemis, naissances, mariages des princes, princesses, etc. etc.

A la représentation de leurs *Moralités*; les Bazochiens ajoutèrent bientôt des farces qui étaient des espèces de satyres; ils prirent quelquefois la licence de les diriger contre des gens en place ; on les soumit à une censure; puis enfin, en 1547, on les supprima tout-à-fait.

Une troupe de province s'établit en 1600, au Marais, où elle subsista avec beaucoup de prospérité jusqu'en 1673, qu'elle se réunit à celle de Bourgogne. *L'Illustre théâtre*, spectacle de société, où débuta Molière, donna des représentations publiques en 1650, mais il fut fermé vers 1653. Cinq ans après, Molière qui était allé en province, vint à Paris avec sa troupe, elle obtint la permission de jouer devant Louis XIV. Le roi en fut si content, qu'il lui permit de s'établir au petit Bourbon, où il joua alternativement avec une troupe italienne, qui y était déjà installée. Cette salle ayant été démolie pour l'édification de la belle façade du Louvre, Molière et la troupe italienne, passèrent au Palais-Royal. Après la mort du père de la comédie, sa troupe, que sa femme avait dirigée quelques années à la rue Guénégaud, fut réunie à celle de l'hôtel de Bourgogne, qui, en 1698, passa au jeu de paulme de l'*Étoile*, rue Neuve Saint-Germain des Prés. C'est alors que les acteurs du théâtre français prirent le titre de comédiens du roi. En 1770, ils passèrent aux Tuileries, où ils restèrent jusqu'en 1782. Alors ils s'établirent au faubourg Saint-Germain, dans la salle où est aujourd'hui l'Odéon. La comédie française ayant été presque tout entière, incarcérée en 1793, fut quelque tems sans jouer. En 1794, elle r'ouvrit; mais ne put pas subsister à cause de la faiblesse des recettes. Quelques acteurs, avant l'incarcération, s'étaient engagés au théâtre de la république; les autres après la clôture de la salle du faubourg Saint-Germain, s'arrangèrent avec M Sageret, directeur du théâtre Feydeau, et jouèrent alternativement avec une troupe d'opéra-comique. En 1796 ; Mlle Raucourt, avec une partie de ses camarades, passa au théâtre Louvois ; elle n'y demeura pas un an, que le directoire crut devoir empêcher ses représentations. Quelques mois après la retraite des comédiens Français, le gouvernement avait donné leur salle du faubourg Saint-Germain à d'autres acteurs qui l'avaient fait restaurer sous le nom d'Odéon ; Mlle Raucourt et sa troupe, se joignirent à ces acteurs en 1798, et après plusieurs clôtures et réouvertures alternatives, furent enfin obligés de la quitter définitivement, parce que le feu y prit le 17 mars 1799. Le théâtre de la rue de Richelieu, avait ouvert en 1791 ; sous le titre de Théâtre Français, de la rue de Richelieu, et dès 1789, celui du faubourg Saint-Germain, avait changé son ancien nom en celui de théâtre de la Nation ; après l'incendie de l'Odéon, tous les acteurs de l'ancienne comédie française entrèrent successivement au théâtre de la rue de Richelieu, qui devint alors et incontestablement le Théâtre Français.

L'esprit de parti, et peut-être aussi un peu l'esprit de vandalisme qui ne laisse pas que de faire des progrès parmi nous, essaient de faire perdre à ce spectacle son rang dans la hyérarchie théâtrale ; l'entreprise est digne d'eux ; mais espérons qu'il n'y réussiront pas.

***

SURINTENDANCE.

M.   Le duc de Duras , premier gentilhomme de la chambre du Roi, etc. , etc. , surintendant, en son hôtel, rue de Varennes, n. 31.
Le baron Papillon de la Ferté , aux Menus-Plaisirs.
Chéron , commissaire royal , rue

COMÉDIENS ORDINAIRES DU ROI.

Sociétaires par ordre de Réception.

MM. Saint-Phal, place des Victoires , n. 3.
Talma , rue St.-Lazare , n. 56.
Baptiste cadet , rue du Faubourg Saint-Denis , n. 65.
Damas , rue de Grenelle St.-Honoré , n. 14.
Baptiste aîné , rue St.-Honoré, n. 346.
Armand , rue de Richelieu , n. 8.
Lafon , rue d'Enfer, n. 31.
Devigny, rue du Hazard , n. 15.
Michelot , rue du Mail, n. 1.
Cartigny, rue de Richelieu , n. 28.
Monrose , place des Victoires , n. 5.
Firmin , rue de l'Echelle, n. 11.
Desmousseaux, rue de la Jussienne, n. 15.

Mmes Mars, rue Neuve-St.-Augustin , n. 20.
Bourgoin, rue Ménars , n. 10.

Volnais, rue de la Pépinière, n. 66.
Duchesnois, rue de la Ferme des Mathu-
rins, n. 6.
Emélie Leverd, rue Roquépine, n. 3.
Dupuis, rue de Richelieu, n. 18.
Demerson, rue des Bons-Enfants, n. 25.
Dupont, rue de Rivoli, n. 12.
Tousez, rue Rameau, n. 6.

Acteurs aux appointemens.

Faure, rue des Petits-Pères, n. 3.
Cossard, rue St.-Honoré, n. 154.
Aristippe, rue de Richelieu, n. 71.
St.-Aulaire, cour St.-Guillaume, n. 16.
Casaneuve, quai de la Mégisserie, n. 16.
Alphonse, rue Montesquieu, n. 1.
Granville, rue des Deux Ecus, n. 9.
Mmes Devin, rue St.-Anne, n. 5.
Desmousseaux, rue de la Jussienne, n. 15.
Paradol, galerie de pierre, Palais-Royal,
n. 164.
Hervey, rue du Chantre, n. 20.
Lebrun, Galerie de Pierre, Palais-
Royal, n. 164.
Charton, rue des Moineaux, n. 18.
Verneuil, rue St.-Honoré, n. 245.
Valette, rue St.-Honoré, n. 214.

Secrétaires-Souffleurs.

MM. Vedel, rue de l'Odéon, n. 38.
Garnier, rue de la Harpe, n. 59.

Orchestre.

M. Baudron, chef et compositeur, quai
Conti, n 5.

Violons.

MM. Fior , rue de la Harpe , n. 57.
 Rameau, rue de Richelieu, café de la Comédie.
 Brun , rue des Vieux-Augustins , n. 13.
 Hugot , rue Jacob , n. 26.
 Bernard , rue de l'Echelle , n. 13.
 Ferrière , rue du Faubourg-St.-Martin , n. 7.
 Mellet , rue Boucher, n. 1.
 Constantin , rue Bourbon - Villeneuve , n. 12.

Basses.

M. Jollet , rue de Normandie , n. 1.
 Chapelet, rue Cassette , n. 8.
 Rudolf , rue du Faubourg-St.-Honoré , n. 27.

Quintes et Timballiers.

MM. Démougeot , rue Chanoinesse , n. 8.
 Prot , rue St.-Honoré , n. 151.

Contre-Basses.

MM. Dourde, rue de Provence.
 Audousset , rue du Foin-St.-Jacques.

Bassons et Flûtes.

MM. Ducreux , rue des Fossés-St.-Germain-des-Prés , n. 25.
 Vallois , rue du Cherche Midi.

Clarinettes.

MM. Hugrais , rue St.-Benoist , n. 32.
 Vander-Hagen, rue du Dragon , n. 23.

Cors.

MM. Puissant , passage du Saumon , n. 10.
Legros, rue de Cléry , n. 46.

Surnuméraires.

MM. Picard , rue de la Huchette.
Manuel, rue des Vieilles–Audriettes.
Egasse , rue de la Harpe , n. 51.

Garçon d'orchestre.

M. Berthé , rue d'Anjou , n. 1.

COMPTABILITÉ.

Caissier.

M. Decormeil; rue St. Honoré , n. 346.

Inspecteur et contrôleur de la caisse.

M. Lelarge, rue du faubourg Montmartre, n. 10.

Premier Contrôleur.

M. Lechangeur , rue des Poulies , n. 7.

Mme Jordan, chargée de la location, au théâtre.
Mme Laurent , concierge , au théâtre.

POSTES.

Contrôleurs à la porte.

MM. Bouchet.
Pagnest.

Contrôleurs au parterre.

Frédéric.
Bignet

Contrôleurs aux troisièmes.

Chaumet.
Bozonrat.

Buralistes.

Mmes Laurent, au bureau des premières.
Jacmard, au bureau du parterre.
Henry, au supplément des premières.
Maignot au supplément des troisièmes.
Bouret, au change des premières.
Cusin, au change du parterre.
Milan, au change des troisièmes.

Ouvreurs au parterre.

MM. Cofinier.
Audry.
Dianant.

Ouvreuses de loges.

Mmes Baudé, à la loge du Roi, rue St.-Honoré, n. 217.

Orchestre.

Fallerie, rue Neuve St.-Roch, n. 30.
David, rue de la Grande Friperie, n. 32.

Balcon.

Crépin, rue de Grenelle St.-Honoré, n. 33.
Bonnel, rue du Chantre, n. 26.

Première galerie.

Kusner, rue d'Argenteuil, n. 14.
Audry, rue Pierre Lescot, n. 13.
Dispot, rue St.-Honoré, n. 94.
Herbinière, rue de Grenelle St.-Germain, n. 97.

Premières loges.

Louise Crépin, rue de Grenelle St.-Honoré, 33.

Besson, rue Traversière, n. 86.
Naze, rue des Boucheries St.-Honoré,
n. 6.

Deuxièmes loges.

Larget, rue de Rohan, n. 25.
Ozouf, rue Pagevin, n. 5.
Delangle, rue de Grenelle St.-Germain, n. 103.

Troisièmes loges.

Prévost, rue St.-Honoré, n. 200.
Lamotte, rue de la Bibliothèque, n. 25.
Manette, rue Pierre Lescot, n. 13.

Deuxième galerie.

Lelong, rue de Grenelle St.-Honoré,
n. 14.
Flicotaux, *idem.*

Loges du ceintre.

Roussange, rue de l'Arbre-Sec, n. 30.
Dorie, rue de Cléry, n. 7.

Garçons de théâtre.

MM. Mongellas, Cusin, Louis, Silvain.

Employés.

MM. Adam, 1er machiniste, rue St.-Honoré.
Carton, 2me *idem*, rue de Vaugirard.
Combre, tailleur costumier, au théâtre.
Bouillon, perruquier, rue d'Argenteuil,
n. 15.
Mermet, Fentier, au théâtre.

Balayeurs.

Lionnet, Damour, Plet.

Architectes du Gouvernement, près le théâtre Français.

MM. Peyre , rue des Poitevins , n. 13.

Clément , adjoint , rue du Petit-Bourbon.

Carnavalis , peintre-décorateur.

Fournisseurs du théâtre.

MM. Ballard, imprimeur, rue J.-J. Rousseau, n. 8.

Vente, libraire, boulevard des Italiens , n. 7.

Pourriez aîné , marchand de draps et de soieries, rue St.-Honoré , n. 3.

Maillot , bonnetier , rue Croix-des-Petits-Champs , n. 23.

Chaulin, papetier , rue St.-Honoré.

Bédel , tapissier, rue des Trois-Frères.

Bénoit , marchand de bois , île Louviers , n. 11.

Bausseron , serrurier , rue des Petites-Écuries.

Charles , ferblantier mécanicien , place du Palais de Justice.

Lemaire , vitrier , rue des Mauvais Garçons.

Cotini , poèlier-fumiste , rue de Sèvres.

Fortin , tourneur , rue de la Fidélité.

Audry , cordonnier, rue St.-Sauveur.

Chabrier aîné , entrepreneur de luminaire, rue de Marivaux, n. 8.

Acteurs et Actrices retirés avec pension.

MM. Delarive. 1788
Dupont. 1802
Duval. 1804
Naudet. 1806
Desprez. 1816
Lacave. 1817
St.-Prix. 1818
Fleury. 1818
Michot. 1821
Thénard. 1821

Mmes Sainval ainée. 1779
Luzi, 1781
Doligny. 1783
Fannier. 1786
Sainval cadette. 1792
Lachassaigne. 1804
Talma. 1811
Devienne, 1813
Desbrosses. 1814
Émilie Contat. 1815
Mézeray. 1816
Thénard. 1816

CONSEIL.

Avocats.

MM. Becquet Beaupré, quai Malaquais, n. 25.
Bonnet, rue du Sentier, n. 14.
Collin, rue Traversière n. 25.
Guichard, rue Vivienne, n. 17.
Dejoly, *idem.*
Charrier, rue St.-Germain-l'Auxerrois, n. 86.

Défenseur agrégé au Tribunal de commerce.

M. Quétil , rue d'Enghien , n. 18.

Avoués.

MM. Duvergier , rue des Bons-Enfans , n. 5.
Perrin , rue de la Jussienne , n: 17.

Notaire actuel de la comédie.

M. Bellanger , rue des-Fossés-St.-Germain-
des-Près , n. 4.

Comité de lecture.

MM. St.-Phal.
Armand.
Devigny.
Michelot.
Cartigny.
Desmousseaux.
Mlle Mars.
M. Lemazurier , secrétaire.

Répertoire des ouvrages joués à la Comédie
Française depuis 1800, et de ceux d'une date
antérieure qui sont restés au théâtre.

Abbé de l'Epée (l') drame en 5 actes,
  par M. Bouilly.   1799
Abufar, tragédie en 5 actes. Ducis.   1795
Adelaide du Guesclin, tragédie en 5 actes.
  Voltaire.   1734
Adrienne Lecouvreur, comédie en vers,
  en un acte. M. Charlemagne.   1817
Agamemnon, tragédie en cinq actes.
  M. Lemercier.   1797
Alexandre chez Apelles, comédie en un
  acte. M. Delaville.   1816
Alzire, tragédie en cinq actes. Voltaire. 1736-
Amant bourru (l') comédie en vers, en
  trois actes. Monvel.   1777
Ami Clermont (l') comédie en prose,
  en trois actes. Marsolier.   1818
Amour et la raison (l') comédie en prose,
  en un acte. M. Pigault-Lebrun.   1790
Amour et le procès (l') comédie en vers,
  en un acte. M. Nanteuil.   1820
Amphytrion, comédie en vers, en trois
  actes. Molière.   1668
Anaximandre, comédie en vers, en un
  acte. M. Andrieux.   1782
Andromaque, tragédie en cinq actes. Ra-
  cine.   1662
Annibal, tragédie en cinq actes. M. de
  Normandie.   1811
Anniversaire (l') comédie en vers, en
  un acte. MM. Théaulon et Derancé. 1816

Turcaret , comédie en prose , en cinq actes , Lesage. 1707

Tyran domestique (le), comédie en vers, en cinq actes. M. Duval. 1805

Ulysse , tragédie en cinq actes. M. Le-brun. 1814

Venceslas , tragédie en cinq actes. Rotrou. 1647

Vieux célibataire (le), comédie en vers , en cinq actes. Collin. 1792

Vieux fat (le) , comédie en vers, en un acte. M. Andrieux. 1810

Vitellie , tragédie en cinq actes. M. de Selves. 1809

Zaïre , tragédie en cinq actes. Voltaire. 1732

OPÉRA-COMIQUE.

Voilà un théâtre où le désordre est à son comble; les sujets les plus recommandables, les compositeurs, les gens de lettres et le public y sont traités avec des procédés également ridicules et impertinens. L'administration y est, comme en beaucoup d'autres lieux, confiée à des mains tout au moins inhabiles. Il arrive souvent que la salle est pleine, et qu'il n'y a point de recette ; les pièces qui sont le plus généralement goûtées, cèdent leur rang au répertoire à des ouvrages ennuyeux ou vieillis dont le titre seul sur l'affiche est un *avis au public* d'aller chercher du plaisir ailleurs. Il faut dire que quelques comédiens font commerce de pièces; que le bon marché leur fait prendre les plus insignifiantes ou les plus usées ; et que pour en tirer le plus de profit possible, ils les font jouer le plus qu'ils peuvent. Leur réponse aux gens qui se plaignent, est qu'ils sont maîtres de leur boutique : assurément on ne taxera pas l'expression d'impropriété. Mais les auteurs se dégoûtent, les jeunes compositeurs quittent la France, ou abandonnent un métier ingrat qui ne leur offre ni gloire, ni profit; le public, qui n'a ordinairement que les places de rebût, parce que les meilleures sont réservées pour les *claqueurs* de quelques *prétendus artistes*, qui n'ont de talent que derrière la toile, le public s'éloigne, et la *boutique* menace ruine.

On dit (au moment où nous écrivons ceci,) que l'autorité s'occupe de remédier aux abus ; tous ses efforts seront vains, si elle ne commence par interdire aux comédiens le commerce des poèmes et des partitions ; si elle souffre que les billets d'entrée continuent d'être signés et contrôlés par une même personne ; si elle ne se hâte de revenir au vieil usage de renouveller à certaines époques le comité d'administration, enfin si elle ne laisse tout-à-fait aux machines ceux des acteurs qui ne savent briller que dans l'art des transparens et des clairs-de-lune.

Cet oracle est plus sûr que....

ceux de Mathieu-Laensberg.

L'Opéra-Comique fut introduit chez nous par les Italiens ; de là vient le nom de comédie italienne qu'on lui donna long-temps. Lorsque, en 1660, les comédiens français se réunirent à la rue Guénégaud, la comédie italienne qui alternait avec eux à l'hôtel de Bourgogne, demeura seule en possession de ce théâtre. En 1697 un ordre la supprima. Tous ses effets furent mis sous le scellé par le lieutenant de police. C'est à la hardiesse que ces Italiens avaient eue de jouer Madame de Maintenon dans l'Opéra de la *fausse prude*, qu'on attribua dans le temps cet acte de rigueur. Ils reparurent en 1716 sous le nom de comédiens du Régent ; en 1733, ils prirent celui de comédiens du Roi, et en 1741, soit que leur comité fût permanent, soit que quelque acteur médiocre s'y occupât trop de l'administration et signât les billets au double titre d'agent comptable et de contrôleur, soit qu'on y employât trop de gaze en transparens et en clairs-de lune, le public se dégoûta d'eux ; et ils furent obligés d'aller chercher des spectateurs à la foire.

C'est de 1762 que date leur organisation actuelle, et de 1779, l'expulsion des poèmes purement italiens.

La comédie italienne ne jouait pas uniquement des opéras-comiques; elle jouait encore des comédies ; et ce fut sur ce théâtre que Favart et Marivaux firent représenter leurs ouvrages.

En 1783, elle s'établit au théâtre connu aujourd'hui sous le nom de Favart, et supprima la comédie en 1791 par raison d'économie.

Cependant un théâtre rival s'était établi aux tuileries, dans l'ancienne salle des Français, sous le titre de théâtre de Monsieur. Il jouait des opéras italiens, des opéras français et des comédies. La cour étant venue à Paris à la fin de 1789, il fut obligé de chercher asyle ailleurs : ce fut alors qu'on construisit la salle Feydeau ; elle fut ouverte le 6 janvier 1791, ce théâtre imita celui de Favart en 1792, et supprima la comédie.

Deux spectacles du même genre si voisins l'un de l'autre, devaient nécessairement se nuire ; aussi, après avoir fermé et r'ouvert plusieurs fois, prirent-ils le meilleur parti ; celui de se réunir. Cet événement eut lieu en 1801, et c'est depuis cette époque que le théâtre Feydeau existe comme nous le voyons.

SURINTENDANCE.

M. le marquis de Lauriston, pair de France, ministre de la maison du Roi, etc., représenté par M. le baron Papillon de la Ferté.
M. Mauléar d'Isi, commissaire royal.

Administration et comptabilité.

MM. Est, caissier, aux Menus-Plaisirs.
Duclos, agent-comptable, rue Lulli, n. 1.
Sijas, secrétaire du comité, rue Montmartre, n. 84.
Darcourt, régisseur, rue St.-Marc, n. 33.
Delaporte, *idem*, rue Poissonnière, n. 10.
Henne, inspecteur en chef, rue St.-Fiacre, n. 4.
Thouron, chargé de la location des loges, rue des Colonnes, n. 8.
Der, secrétaire-souffleur, rue du Colombier, n. 9.

Acteurs et actrices sociétaires par ordre de réception.

MM. Chénard, rue des Colonnes, n. 2.
Martin, rue Neuve St.-Marc, n. 10.
Moreau, rue de Grammont, n. 19.
Baptiste, rue de Louvois, n. 5.
Paul, rue des Colonnes, n. 4.
Huet, *idem*.
Daraucourt, rue du Petit-Carreau, n. 1.
Ponchard, rue Feydeau, n. 34.

Mmes Desbrosses, rue de Richelieu, n. 90.
Gavaudan, boulevard des Italiens, n. 7.
Belmont, rue St.-Marc, n. 16.
Lemonnier, rue St.-Anne, n. 57.

Boulanger, rue de Ménars, n. 20.
Paul-Michu, rue St.-Pierre, n. 12.

Acteurs et actrices aux appointemens, par ordre de début.

MM. Allaire, rue de l'Échiquier, n. 38.
Juliet fils, rue Neuve des Petits-Champs, n. 35.
Vizentini, rue du Caire ; n. 26.
Lemonnier, rue Ste-Anne, n. 57.
Ponchard jeune, rue

Mmes Rigaut, rue des Colonnes, n. 2.
Pradher, rue Feydeau,
Leclerc, rue du Sentier ; n. 11.
Ponchard, rue Feydeau, n. 34.
Desbains, faubourg St.-Denis, n. 37.

CHŒUR.

MM. Fromageat, chef, rue d'Amboise, n. 6.

Basses-tailles.

Delamotte, cloître St.-Jacques-la-Boucherie, n. 9.
Cauchois, rue de Grenelle St.-Honoré, n. 9.
Lebrun, faubourg Montmartre, n. 20.
Gaudon, rue du Jour, n. 11.
Grossaint, rue des Mauvais-Garçons, n. 14.

Tailles.

Grangé, rue de Rochechouart, n. 14.
Milon, rue des Moulins, n. 3.
Duchenet, rue de l'Échiquier, n. 1.
Campion, rue des Martyrs, n. 18.

Debièvre, faubourg St.-Denis, n. 22.
Mada, cour St.-Martin, 8

Hautes-contres.

Kammerer, rue Cadet, n. 18.
Barbier, rue du Monceau, n. 7.
Lafond, rue Beauregard, n. 11.
Lallemand, rue des vieilles Tuileries, n. 6.
Auber, rue de la Lune,
Damoreau, rue St.-Martin,

Mmes Lebel, rue Bergère, n. 20.
Maurin, faubourg Montmartre, n. 4.
Solin Lamar, *idem*, n. 83.
Leriche, rue Favart, n. 8.
Richard, rue d'Angevilliers, n. 12.
Dassau, rue Neuve des Petits-Champs, n. 28.
Josse, rue Montmartre, n. 170.
Lebrun, rue de Provence, n. 3 (*bis*)
Alexandrine Forcade, rue Rameau, n. 11.
Dubois, rue St.-Joseph, n. 17.
Focier, rue Rameau, n. 8.
Narcisse, rue St.-Denis.
Louise Launoy, rue d'Amboise, n. 6.
Élisa, faubourg Poissonnière, n. 76.
Eugénie, rue
Alphonse, rue Feydeau, n. 1.
Laurent, *idem.*

Chefs des comparses.

Grégoire père et fils, rue d'Argenteuil, n. 42.
Houven, rue

DANSE.

M. Paul, maître des ballets, rue Neuve des Petits-Champs, n. 20.
Une première danseuse.
Douze élèves de l'Opéra.

ORCHESTRE.

Chef.

MM. Frédéric Kreubé, rue des Colonnes, n. 12.

Sous-chefs et Professeurs.

J. Habeneck, rue Montmartre, n. 175.
Crémont, rue traînée, n. 11.

Premiers violons.

Griot, rue des Jeûneurs, n. 13.
Demoui, faubourg St.-Honoré, n. 52.
Marcon, rue d'Argenteuil, n. 35.
Casimir, rue Frépillon, n. 20.
Becquié, rue St.-Germain l'Auxerrois, n. 68.
Narjot, faubourg St.-Denis, n. 73.

Seconds violons.

Bouvier, rue de Rochechouart, n. 14.
Golliet, rue des Jeûneurs, n. 8.
Loulié rue de la Grande Truanderie, n. 47.
Storck, faubourg Poissonnière, n. 9
Fontaine, rue St.-Honoré, n. 313.
Gras, rue des Martyrs, n. 42.
Élie, quai Pelletier, n. 4.
Philippe, rue M. le Prince, n. 26.
Darius, rue Montmartre, n. 34.

Altos.

Pasdeloup, rue des Petites – Écuries,
   n. 27.
Berlot, rue Coquenard, n. 18.
Devaux, rue Montorgueil, n. 71.
Jouet, avenue de Pantin, n. 7.

Basses.

Berger, rue d'Amboise, n. 8.
Aubert Olivier, professeur, faubourg
Montmartre, n. 8.
Guérin, rue Montmartre, n. 139.
Ménessier, faubourg St.-Denis, n. 59.
Besselièvre, rue de Grammont, n. 10.
Amable Jacob, rue des Gravilliers, n. 30.
Mercadier, faubourg St.-Martin, n. 18.

Contre-basses.

Jaspin, rue du Bac, n. 58.
Lagueaux, rue Croix-des-Petits-Champs,
   n. 36.
Niquet, rue de la Lune, n. 33.
Perret, rue de Sèvres, n. 139.
Manuel, place des Victoires, n. 3.

Bassons.

Judas, faubourg Montmartre, n. 13.
Henry, rue Pagevin, n. 7,
Dufour, rue Poissonnière, n. 13.

Clarinettes.

Ch. Duvernoy, rue Papillon, n. 4.
Bonfil, rue de Cléry, n. 73.
Jaussens, rue Lévêque, n. 14.

Flûtes.

Bésozzi , rue Montmartre , n. 75.

Étienne Guébauer , rue de l'Université ;
n. 5.

Toni Bisetzki , rue Croix-des-Petits-
Champs , n. 25.

Roger , faubourg St.-Martin , n. 186.

Hautbois.

Exevin , rue Croix-des-Petits-Champs.

Léonard , rue des St.-Pères , n. 12.

Châlon , professeur , faubourg Poissonnière , n. 8.

Cors.

Charles Petit, rue Ste-Anne , n. 34.

Mengal. , faubourg St.-Denis , n. 52.

Schneider fils , rue Neuve St.-Denis ,
n. 17.

Mérick , faubourg Montmartre , n. 26.

Trompettes.

Venon , rue de Sourdière , n. 1.

François Petit , rue Montmartre , n. 59.

Timballier.

Casimir , rue Frépillon , n. 20.

Harpiste.

Désargus , rue du Port-Mahon , n. 3.

Garde-magasin de musique.

Thieblemont , rue Thévenot , n. 25.

Surnuméraires.

Denoiseux , basse.

Lasamajor , quinte.

Manuel , contre-basse.
Boireaux, trompette.
Cellaut , cor.
Bernard.

CONTROLE ET POSTES.

Contrôleur en chef.

M. Gérard , rue Neuve des Petits-Champs ,
n. 71.

Contrôleurs.

MM. Serize , Létonné , Thouron , Eudeline ,
Prély , Cudot.

Bureaux de distribution.

Mmes Michu , Bertrand.

Bureaux de supplément.

M. Lemet. Mme Cardon.

Échangeuses au parterre.

Mmes Amiot, Godefroy.

Placeurs au parterre.

MM. Aguetta , Dufour.

OUVREUSES DE LOGES.

Ouvreuses du rez-de-chaussée.

Mmes Hay , Savoye , Alexandrine.

Ouvreuses des premières.

Pastelot , Porchelot , Ancel , Henriette.

Deuxièmes loges et deuxième galerie.

Roux , Thierry , Morinet , Fleurant ,
Edvolle , Rillet.

Troisièmes loges et troisième galerie.

Mmes Grenet, Ferreux Datis, Ossart. M. Mercier.

Quatrièmes loges.

Mme Delaporte.

Passage de la salle au théâtre.

Mme Allardin.

Architectes.

MM. Molinos et Itorf.

Peintres.

MM. Mathis et Desroches.

Machinistes.

MM. Carré, rue Montmartre, n. 167.
Collin, rue Bourbon–Villeneuve.

Garçons de théâtre.

MM. Hilaire, Pointillon, Dufour, Machereau,
Boubar fils.

Allumeurs.

MM. Sévin, Champagne, Dizi, Gallon,
Lauget.

M. Martel, costumier.
Mlle Modiné, magasinière.
Mlles Biot,
Baptistes, } couturières-habilleuses.
Laporte,
M. Sottaz, suisse.
Mmes veuves Poussin et Lançon, portières.

Répertoire des ouvrages joués à *l'Opéra-Comique* depuis l'an 1800 et de ceux d'une date antérieure qui sont restés au théâtre.

En 4 actes.

Belle Arsène (la). Favart ; Monsigny.	1775
Fée Urgèle (la).	1768
Sargines. Monvel, Dalayrac.	1788
Zémire et Azor. Marmontel ; Grétry.	1771

En 3 actes.

Aline, reine de Golconde. MM. Vial et Favières ; M. Berton.	1803
Alphonse d'Arragon. M. Souriguières ; Bochsa.	1814
Amant jaloux. d'Hèle ; Grétry.	1778
Ami de la maison, (l'). Marmontel ; Grétry.	1772
Auberge de Bagnières (l'). M. Jalabert ; M. Catel.	1087
Aubergistes de qualité (les). M. Dejouy ; M. Catel.	1812
Aventurier (l'). M. Lambert; M. Catrufo.	1813
Azémia. Lachabeaussière ; Dalayrac	1787
Bataille de Denain (la). MM. Théaulon et Dartois ; Bochsa.	1816
Béniowski. M. Duval ; M. Boïeldieu.	1800
Bergère châtelaine (la). M. Planard ; M. Aubert.	1820
Cagliostro. M*** ; MM. Dourlens et Reicha.	1810
Camille. Marsollier ; Dalayrac.	1791
Caverne (la). Dercy ; M. Lesueur.	1793
Cendrillon. M. Etienne ; Nicolo.	1810

Inconnu (l'). MM. Vial et Favières ;
  M. Jadin.   1816
Intrigue au sérail (l'). M. Etienne; Nicolo.   1809
Jeannot et Colin.   *id.*   1814
Joconde   *id.*   1814
Joseph. M. Duval ; Méhul.   1807
Journée aux aventures (la). MM. Ca-
  pelle , Mezières ; Méhul.   1816
Jugement de Midas (le). d'Hèle ; Grétry.   1778
Lina. M. St.-Cyr ; Dalayrac.   1807
Linnée. M. Dejaure ; M. Dourlens.   1808
Mlle de Guise. M. Dupaty; Solié.   1809
Maitre et le valet (le). M. Justin ; M.
  Kreutzer.   1816
Marini. M. Delrieu ; M. Dourlens.   1819
Ménestrels (les). M. St.-Cyr ; Solié.   1811
Menzikoff. M. Lamartellière. M. Cham-
  pein.   1808
Méprises par ressemblance (les). Patrat;
  Grétry.   1786
M. Deschalumeaux ; M. Creuzé de Lessert.
  M. Gaveaux.   1806
Montano et Stéphanie. M. Dejaure ; M.
  Berton.   1799
Noces de Gamache (les). M. Planard ;
  Bochsa.   1815
Paul et Virginie. M. Favières ; M.
  Kreutzer.   1791
Perruque et la redingotte (la). M. Scribe ;
  MM. Kreutzer et Kreubé.   1815
Petit chaperon rouge (le). M. Théaulon;
  M. Boïeldieu.   1818
Poète et le Musicien (le). M. Dupaty ;
  Dalayrac.   1811
Premier venu. (le) M. Vial ; M. Hérold.   1818

Léonce. Marsollier ; Nicolo. 1803
Magicien sans Magie (le) MM. Roger
  et Creuzé ; Nicolo. 1811
Maison isolée (la). MM. Marsollier ;
  Dalayrac. 1797
Ma tante Aurore. M. Longchams ; M.
  Boïeldieu. 1803
Ninette à la cour. Favart : arr. par M.
Creuzé ; Mus. de M. Berton fils. 1811
Règne de 12 heures (le). M. Planard;
  M. Bruni. 1814
Rivaux de village (les). M*** ; M.
  Lemierre. 1819
Roi et la ligue (le). MM. Théaulon et Dar-
  tois ; *Bochsa.* 1815
Ruse inutile (la). M. Hoffmann ; Nicolo. 1815
Une folie. M. Bouilli ; Méhul. 1802
Valentin. MM. Picard et Leroux ; M.
  Berton. 1813
Victime des arts. *** M. Berton ; Solié
  et Nicolo. 1811

En un acte.

Adolphe et Clara. Marsollier ; Dalayrac. 1799
Amant et le mari (l'). *** M. Fétis. 1820
Amour filial (l'). Desmoustiers ; M.
  Gavaux. 1792
Angéla. M. Dépinay ; Mme. Gail , M.
  Boïeldieu. 1814
Artistes par occasion (les). M. Duval ;
  M. Catel. 1807
Acteur malgré lui (l'). M. Claparède ;
  M. Jadin. 1812
Auteur mort et vivant (l'). M. Planard ;
  M. Hérold. 1820

SECOND THÉATRE FRANÇAIS.

Ce théâtre a été institué et déclaré *annexe de la Comédie Française*, par ordonnance royale du mois d'avril 1818. (Il a ouvert le 30 septembre 1819.). Rien n'était plus sage que la pensée de son institution ; éloigné du théâtre dont il devait être seulement l'auxiliaire, il pouvait , sans porter le moindre préjudice à ce théâtre, devenir une pépinière de jeunes talens, entre lesquels l'émulation n'eut sans doute pas manqué d'en faire éclore d'assez remarquables pour que la scène française les appelât à l'honneur de lui rendre son premier éclat. L'ordonnance voulait prévenir la ruine de l'art, ce qu'il y avait de mieux à faire, c'était d'en prendre l'esprit pour règle et pour guide.

On fit bien autre chose. Dès les premiers momens on annonça la prétention d'une rivalité ridicule ; et , en montrant cette prétention, on fit entrer dans la composition de la nouvelle société , ce qu'il y avait de plus usé et de plus nul dans la vieille troupe de l'Odéon. Des gens qui n'étaient ni comédiens ni directeurs, figurèrent même au nombre des sociétaires, et comme si l'on se fût fait un système de choquer en tout le bon sens et la raison. *Clozel* et Mlle *Délia*, les seuls peut-être qu'il fût utile de conserver, furent rayés de la liste. Il en coûta une pension de deux mille francs qu'on assura à *Clozel* pour consommer cette belle opération : Mlle *Délia* consentit à prendre rang parmi les pensionnaires.

Il faut avouer que la tragédie fut composée avec plus de soin. Les talens réunis de *Joanni*, *Victor*, *Éric-Bernard*, et Mlle *Guérin*, donnèrent des espérances qui se sont en partie réalisées.

Un changement dans l'administration, les débuts de *Périer*, ceux de Mlle *Georges*, la société dissoute et désormais régie en direction, tout semble tirer le *Second Théâtre Français* de la langueur où il était tombé presque dès sa naissance ; mais qu'il y fasse attention : s'il persiste à trancher du rival de la *Comédie Française*, sa témérité ne fera que tourner à sa confusion. Son lot, c'est la modestie. Un vieil amateur, d'un goût sûr et éprouvé, (comme l'ont dit plusieurs journaux) a attesté que Mlle *Dumesnil* ne valait pas mieux que Mlle *Georges* dans Mérope, cela peut fort bien être ; mais, malgré un si bel éloge, nous garantissons au théâtre de l'Odéon que, donnât-il Mérope tous les jours, peu de spectateurs le visiteront dans les grands froids et dans les grandes chaleurs : les gens à spectacles habitent la rive droite de la Seine ; et, dans le temps où les voyages sont pénibles ; ils ne sortent pas de leurs limites. Après tout, ils ont chez eux *Talma* et Mlle *Duchesnois* ; et, bien que ceux-ci n'aient été mis en comparaison avec Mlle *Dumesnil* par personne , on peut prendre patience avec eux en attendant une saison favorable pour aller admirer Mlle *Georges* et *Joanni.*

SURINTENDANCE.

M. le marquis de Lauriston, pair de France, ministre de la maison du Roi, etc., etc. Représenté par
M. le baron Papillon de La Ferté.

Administration.

MM. Gentil, directeur, rue de Corneille, n. 1.
Bisse, Caissier, place de l'Odéon, n. 3.
Walville, régisseur, rue Neuve-Saint-Augustin, n. 20.
Langle, *id.*, rue de Vaugirard, n. 2.
Ozanne, régisseur-adjoint, rue de l'Echaudé, n. 2.
Lognon, secrétaire, souffleur, rue de la Bourbe, n. 4.
Théodore Nézel, secrétaire particulier du directeur.
Douenel aîné, } secrétaires-adjoints.
Douenel jeune, }

Acteurs et Actrices par rang d'ancienneté.

MM. Walville.
Armand, rue d'Enfer, n. 1.
Thénard, rue de l'Odéon, n. 38.
Perroud, place de l'Estrapade, n. 34.
Chazel, rue de Vaugirard, n. 15.
Eric-Bernard, rue des Boucheries, n. 56.
Samson, rue Vaugirard, n. 15.
Joanny, rue et île Saint-Louis, n. 23.
Lafargue, rue de la Harpe, n. 204.
Duparai, rue Saint-Germain des Prés, n. 9.
Provôst, rue Dauphine, n. 54.

David, rue des Fossés-Monsieur-le-Prince n. 10.

Perrier, rue Dauphine, hôtel Dauphine.

Edouard, rue Chilpéric, n. 4.

Ménétrier, rue des Douze Portes, n. 2.

Paul, rue Notre-Dame, n. 8

Théodore, rue du Four-St.-Germain, n. 7.

Frédérik, rue de la Jussienne, n. 20.

Auguste, rue de Seine, n. 57.

Déricourt, rue de Tournon, n. 11.

Ernest, rue des Fossés-Monsieur-le-Prince n. 26.

Mmes Fleury, rue de Seine, n. 26.

Délia, rue Neuve-St.-Marc, n. 23.

Guérin, rue de Vaugirard, n. 15.

Milen, rue de Seine, n. 20.

Humbert, rue de Vaugirard, n. 15.

Clairet, rue Dauphine, n. 32.

Falcoz, rue Thibault-au-Dé, n. 7.

Brocard, rue de Choiseuil, n. 14.

Sabatier, rue des Boucheries, n. 11.

Gersay, rue Guénégaud, n. 16.

Clébert, quai de la Mégisserie, n. 16.

Gorenflot, rue des Fossés-Monsieur-le-Prince, n. 10.

Percilliée, rue de Rivoli, n. 32.

Dérudder, rue de Seine, n. 31.

Dutertre, rue St-Thomas du Louvre, n. 42.

Fitzelier, place de l'Oratoire, n. 6.

Anaïs, rue d'Enghein, n. 17.

Delâtre, rue de Richelieu, n. 8.

Georges aînée, rue de Clichy, n. 33.

Georges cadette.

. Fumé, chef de comparses.

Figurantes.

Mmes Saint-André.
Eloïse.
Mazuel.
Pajot.

ORCHESTRE.

MM. Lani, chef d'orchestre.

Premiers violons.

Guillaume.
Rivalez.

Second violons.

Roehn.
Dreymuller.
Oudet , alto.
Rousset , violoncelle.
Briquelet , contre-basse.
Joseph Crémont, *idem.*

Clarinettes.]

Dufour.
Plater.

Cors.

Michault.
Rousseau.

Service général du Théâtre.

Gaillot , inspecteur-général.
Heri, machiniste.
Clément, architecte.

Peintres décorateurs.

Carnavali.
Munich.

Grison, magasinier.
Ledoux, chargé des accessoires.
Lorel, perruquier.

Garçons de théâtre.

Vincent.
Antoine.
Gorju.
Jean.
Marquet, suisse inspecteur.
Louis, portier du théâtre.
Bouis, concierge.

Mmes Laméri, à l'entrée des acteurs.
Pauline, habilleuse.

MM. Helger, tapissier.
Callot, feutier.

CONTROLE ET POSTES.

Monneau, contrôleur en chef, chargé de la location des loges.

Contrôleurs et échangeurs.

Dugrand, Duvivier père et fils, Charles, Millet, Bonhomme, Loignon.

OUVREUSES.

Mmes Langevin (à la loge du Roi.), Eugénie, Couder, Rochette, Verny, Bougran, Vachette, Maurice, Lenoble, Decors, Rabasse, Moreau, Tissot, Deschamps, Déloffre, Dizi, Détouilly.

CONSEIL DE SANTÉ.

MM. Dubois, Vergès, Ribes, Bafox, Mettemberg, Therrin, Richebois, Delmont, et Marchais, accoucheur.

GRAND CONSEIL.

MM. Gairal, rue Sainte-Croix de la Breton-
nerie, n. 11.
Guichard, rue Gaillon, n. 12.
(Tous deux avocats au Conseil.)
Jalabert, ancien notaire.
Démont, avoué.
Clairet, notaire royal, boulevard des
Italiens.
Passet, avoué, rue du Bouloy, n. 4.

COMITÉ DE LECTURE.

MM. Gentil, directeur,
Andrieux, place Cambray.
Raynouard, rue Mazarine, n. 27.
Auger, rue des Bons-Enfans, n. 32.
Roger, rue Coquéron, n. 10.
Picard, rue de l'Observance, n. 8.
Brifaud, rue du Bac, n. 27.
Droz, rue de Condé, n. 28.
Chazet, Faubourg-Montmartre, n. 17.
Dénugens, rue des Bons-Enfans, n. 2.
Eric-Bernard.
Joanny.   } Voyez les adresses ci-
Samson.   }   dessus.
Perroud.

COMITÉ D'AUDITION.

MM. Gentil, directeur.
Raynouard, de l'Académie française.
Roger, *idem*.
Brifaud, homme de lettres.
Dénugens; *idem*.
Talma, de la comédie française.
Granger, professeur au conservatoire.

Répertoire du Second Théâtre Français. —

Accident en voyage (l'), comédie en prose,
en trois actes. M. G. Duval.   1820
Acte de naissance (l'), comédie en prose,
en un acte. M. Picard. (*Louvois.*)   1804
Artaxerce, tragédie en 5 actes. M. Dela-
ville. (*Bordeaux.*)   1813
Artiste ambitieux (l'), comédie en vers,
en cinq actes. M. Théaulon.   1820
Auberge de Calais (l'), comédie en prose,
en un acte. M. G. Duval. (*Louvois.*)   1801
Bourgeoise ambitieuse (la), comédie en
prose, en un acte. ***.   1820
Charles de Navarre, tragédie en cinq actes.
M. Briffaut.   1820
Collatéral (le), comédie en prose, en cinq
actes. M. Picard. (*Feydeau.*)   1798
Comédiens, (les) comédie en vers, en cinq
actes. M. Delavigne.   1820
Conradin et Frédéric, tragédie en cinq
actes. M. Liadières.   1820
Dame noire (la), comédie en prose, en trois
actes, ***.   1820
Deux anglais (les), comédie en prose, en
trois actes. M. Merville. (*Odéon.*)   1817
Deux Philibert (les), comédie en prose, en
cinq actes. M. Picard.   1816
Don Carlos, tragédie en cinq actes, ouvrage posthume de Lefévre.   1820

Eugène et Guillaume, comédie en prose,
en trois actes. ***.   1820

Famille Glinet (la), comédie en vers, en
cinq actes. M. Merville. (*Favart.*)   1818.

Fausse apparence (la), comédie en prose,
en un acte. ***.   1820

Homme aux précautions (l') comédie en
vers, en cinq actes. M. Désaugiers.   1820

Homme poli (l'), comédie en vers, en cinq
actes. M. Merville.   1820

Intrigant maladroit (l'), comédie en prose,
en trois actes. ***.   1820

Jaloux malgré lui (le), comédie en vers, en
un acte. M. Delrieu. (*Odéon.*)   1797

Journée à Versailles (une), comédie en
prose, en trois actes. M. G. Duval.
(*Odéon.*)   1814

Menuisier de Livonie (le), comédie en
prose, en trois actes. M. Alexandre
Duval. (*Louvois.*)   1805

Moment d'imprudence (un), comédie en
prose, en trois actes. MM. Vaflard et
Fulgens.   1819

Oncle rival (l'), comédie en prose, en
un acte. Mme Lesparat. (*Odéon.*)   1811

Petite ville (la), comédie en prose, en
quatre actes. M. Picard. (*Louvois.*)   1801

Petits protecteurs (les), comédie en prose,
en un acte. M. Charles Maurice.
(*Odéon.*)   1816

Phocion, tragédie en cinq actes. M. Royou.
(*Théâtre Français.*)   1811

Promenade dans Paris, (une), comédie
en prose, en cinq actes. ***.   1820

Ricochets (les), comédie en prose, en
un acte. M. Picard. (*Louvois.*)   1806
Tour de faveur (un), comédie en vers,
en un acte. MM. Bernard et Deschamps.
(*Favart.*)   1818
Vêpres Siciliennes (les), tragédie en cinq
actes. M. Delavigne.-   1819

En outre, *toutes les pièces du* théâtre Français
tombées dans le domaine public.

OPÉRA-ITALIEN.

L'Opéra-Italien, ou Opéra-Buffa, après avoir fait plusieurs apparitions en France, ainsi que nous l'avons dit ailleurs, fut contraint en 1792, par les événemens politiques de repasser les monts. En 1802 Mlle Montansier reproduisit ce spectacle à Paris. La troupe débuta au mois de juin, à la belle salle Olympique, rue de la Victoire. L'éloignement, le petit nombre d'amateurs de musique, (*Dilettanti*, comme disent aujourd'hui nos érudits en doubles croches.) obligèrent l'*Opéra-Buffa* de changer de quartier sept ou huit mois après. Il vint alors au théâtre Favart, devenu vacant par la réunion des deux troupes d'Opéra-Comique à Féydeau. Il y fit assez médiocrement ses affaires (ou plutôt celles de Mlle Montansier) pendant deux ans. Au bout de ce temps-là, il fallut même fermer le théâtre. La clôture dura trois mois. Enfin au mois d'avril 1803, une société de dilettanti anonìmes s'en chargea et nous le rendit. Mais c'est un gros consommateur que cet *Opéra-Buffa*; en cinq mois la commandite fut à sec. Nouvelle clôture; et, pour comble de disgrâce, personne ne fut tenté de reprendre le fardeau. Les acteurs, après cinquante jours de silence, qui leur parurent cinquante siècles (surtout aux *donne,*) se réunirent en société. Les pauvres gens avaient la chance contre eux : après un hiver où le bois leur parut bien cher, ils furent obligés, pour la quatrième fois, de fermer... boutique, (comme on dirait à Feydeau.) Déjà même ils s'informaient du prix de la diligence de Turin, quand le Gouvernement, qui à travers tous les torts qu'on peut lui reprocher, donnait cependant quelque attention aux beaux arts, les retint. Ils débutèrent le 20 juillet 1804, à Louvois : M. Picard leur fut donné pour directeur. En 1808 le théâtre Louvois ayant été transporté à l'Odéon, l'*Opéra-Buffa* suivit. L'ensemble de ses représentations, la belle voix et le jeu plein de grace de Mme Barilli, le charme de la mélodie italienne, la mode surtout, la mode qui est la divinité chérie des Parisiens, tout contribua à attirer le public et à donner du lustre à la troupe ultrà-montaine. Mme Barilli mourut en 1813, et l'Odéon devint désert. M. Picard avait été appelé à la direction de l'Opéra, ce qui ne contribuait pas à faire beaucoup jouer ses ouvrages dans le faubourg Saint-Germain : en 1815 cette direction ayant été supprimée, on rendit celle de l'Odéon à l'auteur des Ricochets. Mme Catalani se mit à la tête de l'*Opéra-Buffa*, et l'emmena à Favart. Il y resta jusqu'en 1818, alors on le rétablit à Louvois sous la même administration que l'Opéra. Il ne débuta cependant qu'en 1819. Le dilettantisme étant redevenu une mode, *il signor Rossini* comptant de nombreux partisans à Paris, et Mme *Fodor* ayant renouvellé et surpassé même le prodige des talens réunis de Mme Barilli, l'*Opéra-Buffa* est aussi suivi qu'en 1812. Puisse le Public lui continuer long-temps ses bonnes grâces et l'intérêt dont il lui donne des preuves si palpables.

Surintendance et Administration.

Les mêmes que celles de l'Académie royale de musique.

Chef des Artistes et Compositeurs.

M. Paër , Place des Victoires , n. 10.

Régisseur.

M. Barilly , rue Feydeau , n. 7.
MM. Balochi, poète , rue de l'Odéon , n. 32.
Hérold , pianiste, rue de Marivaux , n. 15.

Primi Buffi comici.

Barilli, rue Feydeau , n. 7.
Graziani , rue Bourbon Villeneuve , n. 41.

Primi Buffi cantanti.

Pellegrini , rue de Richelieu , n. 84.
Galli , rue de Grammont , n. 15.
Levasseur , rue de Grammont , n. 8.

Primi Tenori.

Garcia , rue de Richelieu , n. 93.
Bordogni , rue Neuve saint Marc, n. 1.

Secondi Buffi.

Profeti , rue du Sentier , n. 12.
Oletta , rue Froid-Mantéau , n. 8.

Seconde Tenore.

Teville , rue Marivaux , n. 9.

Prime Donne.

Mmes Mainvielle , rue de Ménars , n. 8.
Naldi , rue Montmartre , n. 177.
Pasta , rue de Richelieu , n. 63.

Seconde donne.

Cinti , Rue Croix des petits Champ, n. 24.
Rossi , rue rameau , n. 11.

CHŒUR.

Chef.

M. Hérold , rue de Marivaux , n. 15.

(Voyez les noms précédés d'une croix aux choristes de l'opéra et ajoutez.)

MM. Pingat , rue Bayard, n. 37,
Barbier , passage du Saumon.
Doutrelan, rue du Petit Lion St. Sauveur, n.
Laty, rue Neuve des Mathurins , 45.
Compagnacci , rue de la Grande Truan- derie , 58.

ORCHESTRE.

Chef.

M. Grasset , rue de Rochechouard: n. 67.

Premiers Violons.

MM. Lepreux , rue Serpente , n. 16.
Bonardo, père, rue de Bussy, n. 8.
Bassot , rue Caumartin , n. 20.
Lecarpentier , rue St. Sauveur , n. 4.
Tilmant, rue de la Pépinière ; 47.
Massant , rue Bourbon Villeneuve , n. 46.
Baltu , rue Montmartre , n. 140.
Guillaume, rue du Roule, n. 19.
Clavel , rue St. Avoie , u. 47.

Seconds Violons.

Jobin , rue M. le Prince , n. 15.
Osmonde , rue Vivienne , n. 4.
Lemoine , rue neuve St. Roch , n. 3o.
Ronardo , fils, Place St.-André-des-Arcs,
 n.
Tolbeck , rue St. Georges , n. 18:
Beauvet , rue du Cherche Midi. n. 5.
Bloc , rue du Colombier , n. 4.
Roll , rue des Martyr ,

Quintes.

Martinn , Place de l'Ecole de Médecine ,
 n. 5.
Lebadu , rue des Messageries , n. 3.
Heffels , Faubourg Poissonnière , 79.
Armand......

Violoncelles.

Mailly , rue de Bellefond , n. 22
Barny , rue de la Monnoie , n. 4.
Desnos . rue Montmartre , n. 14o.
Marcou , rue de la Lune , n. 33.
Rousselat , Charnier des Innocens , esca-
 lier n. 16.

Contre-Basses.

Perrin, rue de l'Arbre-Sec, n. 15
Dupont , rue de la Petite Truanderie,
 n. 16.
Claveau , rue Saint Denis , n. 135.
Poisson , rue des Blancs – Manteaux ,
 n. 27.
Manuel , rue des Vieilles Audriettes ,
 n. 6.
Michel , rue Saint Pierre , n. 12.

Haut-bois.

Fouquet, rue da Colombier, n. 14.
Vinit, rue de Louvois, n. 10.

Flûtes.

Moudru, Boulevard Saint Martin, n. 4.
Nermel, rue du Petit Carreau, n. 3

Clarinettes.

Gambaro, rue Croix des Petits Champs,
n. 44.
Butteux, rue de Crussol, n. 9.

Bassons.

Fougas, Faubourg St. Denis, n. 52.
Savary, rue de Bussi, n. 15.

Cors.

Atrapart, rue de la Lune, n. 26.
Duvernois, rue Papillon, n. 4.
Jacquemin, rue des Petites Ecuries,
n. 37.
Meifred, Passage Saulnier, n. 7.

Surnuméraires.

David, Hôtel des Gardes-du-Corps.
Clodel, rue Montmartre, n. 100.
Testard, rue Saint Denis, n. 240.
Coronneau, rue d'Anjou, n. 18, au
marais.
Calhaud, rue de Chabannais, n. 3.

Répertoire de l'Opéra Italien.

Agnese, en deux actes. M. Paër.
Barbiere di Siviglia , en quatre actes. Paë-
siello.
Idem , en deux actes. Il signor Rossini.
Cantatrici villane, en deux actes. Fioravanti.
Capricciosa corretta, en deux actes. Martini.
Casa da vendere.
Donna di genio volubile, en deux actes. Porto-
gallo.
Fazzoletto , en un acte, Garcia.
Fuorusciti di Firenze, en deux actes. Paër.
Inganno fortunato, en un acte. Rossini.
Lagrime d'una vedova , en un acte. Generali.
Matrimonio segreto, en deux actes. Cimarosa.
Nozze di Figaro , en quatre actes. Mozart.
Pastorella nobile , en deux actes. Guglielmi le
père.
Pretendente burlato , en un acte. Guglielmi le
fils.
Proserpine, en deux actes Paër.
Turco in Italia, un acte, Rossini.

VAUDEVILLE.

Ce théâtre fut fondé en 1792. Il resta depuis cette époque sous la direction de M. Barré, qui l'enrichit de ses ouvrages, jusqu'en 1815, où M. Désaugiers fut appelé à le régir, Depuis quelque temps, le public semble s'en éloigner : ce n'est pas qu'on n'y donne des pièces aussi gaies, aussi amusantes que par le passé ; mais le Gymnase est plus nouveau ; et les amateurs de vaudevilles ne sont pas assez nombreux pour faire la fortune de deux théâtres consacrés à ce genre. Quand un ministre accorde le privilège d'un spectacle à quelque protégé, il devrait en même temps en fermer un autre. On dira peut-être, que c'est fronder, et mettre en jeu les ministres pour bien peu de chose. C'est user du droit de dire la vérité, et tant minutieuse soit elle, cela ne peut jamais être inutile. Pourquoi des privilèges ? Quand ils ne font pas le bien, ils sont nuisibles, et odieux surtout.

ADMINISTRATION.

MM. Désaugiers, directeur, rue de Richelieu, n. 48.

Chambon, administrateur-caissier, rue Montpensier, n. 4.

Rousseaux, régisseur, rue des Orties.

Barré neveu, secrétaire, rue des Prêtres Saint-Germain.

Parissot, souffleur, rue neuve Saint-Roch.

Acteurs.

Henry, place du Palais-Royal, n. 243.

Laporte, rue Thiroux, n. 8.

Fichet, rue de l'Oratoire.

Hyppolite, rue Saint-Honoré, n. 201.

Saint-Léger, rue Feydeau, n. 20.

Edouard, passage du Caire.

Guénée, rue Montmartre.

Fontenay, rue des Fossés Saint-Germain l'Auxerrois.

Joly, rue de Louvois, n. 10.

Isambert, rue Saint-Florentin, n. 15.

Philippe, rue Saint-Thomas du Louvre, n. 24.

Laporte fils, quai de l'École, n. 18.

Armand, rue de Rohan.

Guillemain, rue des Fossés-Saint-Germain-l'Auxerrois.

Victor, rue Saint-Honoré.

Pitrot, rue du Hasard, n. 1.

Gobert, rue Saintonge, n. 16.

Mmes Minette, rue Saint-Thomas du Louvre,
Victorine, *idem.*
Lucie, *idem.*

Rivière, rue Dauphine, n. 14.
Pauline-Geoffroy, rue de Richelieu.
Clara, rue Traversière, n. 20.
Bras, rue de Chartres, n. 25.
Guillemain, rue des Fossés-Saint-Germain L'Auxerrois.
Huby, rue

Chœurs.

MM. Justin, Réné, Neveu, Doizi, Baptiste, Carlier, Montarlier.

Mmes Dumont, Chapelle, Clémence, Augustine, Clarice, Eléonore, Félicie, Alfréda.

ORCHESTRE.

M. Doche, chef, rue de Valois, n. 2.

Premiers violons.

MM. Biancourt.
Laurent.
Cornu.
Doche fils.
Lebrun.

Seconds violons.

Laparade.
Lebrun.
Pélé.
Clavier.

Alto.

Michel.

Violoncelles.

Roga.
Roger.
Maré.

Contre-basses.

Desmarets.
Cornu.

Clarinettes.

Legendre.
Leriche.

Flûte.

Dalmont.

Cors.

Herveau.
Auger.

Bassons.

Testard.
Legros.

Employés.

MM. Maurice, machiniste.
Lemaire, décorateur.
Cadet, perruquier.
Zundorf, tailleur-costumier.
Delaroux, à la location des loges.
Parissot, *idem.*

Mlle Molly, garde-magasin.

Buralistes.

MM. Huart, Montra, Lecomte, Toulet.
Mlle Mariotte.

Échangeurs.

Guisolant, Loquet, Lemoine.

Préposés.

Franqlin, Druas ; Leroux.

Ouvreuses.

Mmes Lavigne, Dufouard, Magniant, Touve-
nel, Baudinet, Chapelle jeune, Petit.

Garçons de théâtre.

MM. Laurent, Étienne.

Garçons de salle.

Fleury, Legendre.

Habilleuses.

Mlles Marie, Augustin, Delâtre.

Répertoire du Vaudeville.

Madame Frontin. un acte.
Mariage de Scarron (le). un acte.
Mariage extravagant (le). un acte.
Maris ont tort (les). un acte.
Ninon , Molière et Tartuffe. un acte.
Pages du duc de Vendôme (les). un acte.
Partie carrée. un acte.
Petit dragon (le). un acte.
Piége (le). un acte.
Pierrot. un acte.
Piron avec ses amis. un acte.
Prix (le). un acte.
Roi (le) et le pâtre. un acte.
Sansgêne (M.). un acte.
Somnambule (la). deux actes.
Suite du Folliculaire (la). un acte.
Sultan du Hâvre (le). un acte.
Vallée de Barcelonnette (la). un acte.
Visite à Bedlam. (une). un acte.
Visite à Saint-Cyr (une). un acte.

GYMNASE DRAMATIQUE.

Ce théâtre est une critique parlante du système des privilèges. Pour l'autoriser sans mon-
trer trop ouvertement que ce n'était qu'une faveur qu'on accordait, et pour avoir quelque
-chose à repondre aux réclamations qu'on ne
prévoyait que trop, on le soumit à un régime
particulier. Le Vaudeville était déjà joué dans
six théâtres; c'était marquer beaucoup de prédilection pour un genre frivole, que d'en
créer un septième, qui lui fût encore spécialement consacré. On éluda la difficulté, ou du
moins on fit semblant de l'éluder. Les *lettres pa-*
tentes du Gymnase en firent une sorte de succursale du Théâtre Français et de l'Opéra Comique. Là les jeunes gens du Conservatoire
devaient s'exercer sans prétention, et sous les
yeux d'un public indulgent, avant que de paraître sur nos grands théâtres. En conséquence,
la comédie et l'opéra comique devaient faire
partie de son répertoire; et pour prouver qu'on
était de bonne foi dans ce dessein, le droit de
jouer toutes les anciennes pièces de la scène
française et du Théâtre Feydeau lui fut conféré,

à la seule condition de les réduire à un acte. Les administrateurs soutinrent la gageure en gens d'esprit : ils firent même la mauvaise plaisanterie de nous donner la *Fée Urgèle* et le *Dépit amoureux*, estropiés et réduits à rien par leurs ciseaux. Quelques autres essais non moins édifians, dans les genres comique et lyrique, achevèrent de prouver que le public ne voulait que des vaudevilles au Gymnase Dramatique ; et le Vaudeville y prit un droit de bourgeoisie à-peu-près exclusif. Les meilleurs acteurs des théâtres rivaux furent gagnés ; un de nos chansonniers les plus spirituels devint, comme en Italie, le poète privilégié de la troupe ; de nombreux débuts, des acteurs de passage et jusqu'à une pauvre enfant que des prôneurs gagés donnèrent comme une merveille au public, qui le crut, et à elle-même, qui en fut plus persuadée encore (ce qui lui coûtera cher un jour). Tout contribua à mettre le Gymnase à la mode, et à faire entrer plus d'argent dans sa caisse que dans celles du Théâtre Français et de l'Opéra Comique, dont il ne devait être que l'humble succursale. Tant mieux pour le Gymnase , pour ses administrateurs, ses actionnaires et toute l'aimable société ; mais demandez au Vaudeville ce qu'il en pense ; mais demandez au public que des ouvrages agréables quoique frivoles amusent un iustant, et attirent tous les jours par l'attrait de la nouveauté, s'il se plaît maintenant à des compositions plus sérieuses , plus faites pour honorer la nation et cultiver son goût et ses mœurs ; les recettes du Théâtre Français vous répondront : car le Vaudeville , les Variétés , la Porte Saint Martin et les autres théâtres des boulevards, ne donnent pas moins de ces ouvrages légers que par le passé ; ils en donnent davantage même pour soutenir la concurrence avec le moins de préjudice possible.

Et s'il était vrai que des jeunes gens d'un talent reconnu , séduits par le double attrait de la facilité et d'un profit considérable, se détournassent d'une carrière où de nobles succès les attendaient , pour rimer quelques pointes ou quelques trivialités ; tout en félicitant le Gymnase de sa brillante fortune, ne pourrait-on pas se permettre quelques regrets ?

Qu'on laisse à quiconque en voudra courir les risques le droit d'ouvrir un théâtre ; que les genres ne soient pas prescrits ; que les ouvrages tombés dans le *domaine public* , soient mis à la disposition de tout le monde (car il ne faut pas appeler domaine public celui qui est livré à quelques privilégiés) ; alors on verra une véritable émulation qui ne manquera pas de produire ses fruits ; mais si les bureaux sont curieux d'avoir des *sujets* dans leur dépendance, s'il leur est doux d'accorder des privilèges, qu'ils fassent donc qu'au moins ces privilèges ne soient pas nuisibles.

ADMINISTRATION.

MM. De la Roserie, directeur privilégié.

Administrateurs.

Poirson.
Cerber.
Maas, caissier.
Tête-doux, secrétaire.

Régisseurs.

Dormeuil.
De la Chabossière.

Gobillard, inspecteur.
Mercadier père, souffleur.

Acteurs.

Perlet, rue Richer, n. 1.
Gontier, rue Montmartre, n. 195.
Dormeuil, rue de la Lune, n. 37.
Bernard-Léon, rue de la Chaussée d'An-
  tin, n. 28.
Désessart, rue de Richelieu, hôtel Mé-
  nars.
Sarthé, rue St-Martin, hôtel du petit St.-
  Martin.
Duvernois, place de l'Ecole, n. 1.
Camel, rue Hauteville, n. 22.
Narcissse, faubourg-Montmartre, n. 34.
Perria, faubourg-Saint-Martin, n. 72.
Chalbos, rue neuve Saint-Marc, n. 6.
Dangremont, rue Beauregard, n. 9.
Provénchère, rue Saint-Paul, n. 19.
Emile Vaillat, faubourg - Poissonnière,
  n. 79.

Mmes Grévedon , *idem*, n. 3.
Esther-Dormeuil , rue de la Lune , n. 3.
Lalande , *idem*.
Kuntz , *idem* , n. 9
Sarda , rue Hauteville , n. 22.
Lacaille rue Beauregard , n. 9.
Hugot , rue de l'Echiquier , n. 16.
Dejazet , rue du Croissant , hôtel du Rhône.
Elisa , rue Basse du rempart , petit hôtel d'Orléans.
Saint -Aubin Fleuriet , rue des Petites-Ecuries, hôtel du lion.
Fanny , rue de la Lune, n. 23.

CHŒUR.

Accompagnateurs.

MM. Alexandre Piccini.

Chefs des chœurs et accordeurs.

D'hautel.

Choristes.

Laboureau , Ludovic, Paulin , Dupuis, Duquesne , Rivière, Noirigat, Dacosta, Vogel , Alphonse.

Mmes Guénée , Adèle–Maillard, Aimée, Adèle-Ochons , Lost , Esther Félicia, Fortin Daverger , Yon , Déchaux.

ORCHESTRE.

MM. Aimon fils , chef.

Premiers Violons.

Sinna , premier violon , solo.

Salomon.
Francastel.
Douai.
Davion.

Seconds Violons.

Mérillon.
Labadens.
Lavendal.
Charles.
Turbri.

Altos.

Berry.
Pélissier.

Violoncelles.

Saint-Amand.
Aimon père.
Cardon.
Graincourt.
Mercadier fils.

Contre-Basses.

D'hautel.
Guillou.
Laperdrix.
Prioux.

Flûtes.

Camus.
Toquet.

Clarinettes.

Maré.
Klet.

Cors.

Baneux.
Roussot.

Haut-Bois.

MM. Moreau.
Michel , bibliothécaire.

Comité de lecture.

Poirson , directeur.
Dormeuil, régisseur.
Viennet, homme de lettres.
Charles-Nodier , *idem*.
Vilmarest ; *idem*.
Mahéraut.
Vatout.
François Poirson.

Répertoire du Gymnase dramatique depuis son ouverture , jusqu'au 1er janvier 1821.

Amour médecin (l'), comédie en un acte , en prose. Molière.

Amour Platonique (l') , vaudeville en un acte. MM. Scribe et Mélesville.

Boulevard Bonne-nouvelle (le), *pièce d'ouverture*, vaudeville en un acte. MM. Scribe , Moreau et Mélesville.

Caroline , vaudeville en un acte. MM. Scribe et Ménissier.

Maison en loterie (la) , opéra-comique , en un acte. MM. Radet et Picard.

Visite à la campagne (une) vaudeville en un acte.***.

VARIÉTÉS.

Ce théâtre est l'un des plus intéressans dans l'histoire de nos mœurs. Consacré d'abord au culte de Melpomène et de Thalie, il essaya de donner Momus pour compagnon à ces deux divinités: elles désertèrent. En 1794 la comédie et la tragédie (où l'on voyait figurer *Damas* et Mlle *Mars*), cédèrent la place au vaudeville et à la parade. Ce genre de spectacle n'était pas nouveau; on l'avait vu long-temps aux boulevards et à la cité : il fit fureur au Palais-Royal. Le foyer qui était un espèce de sérail, contribua sans doute à attirer les jeunes gens et les étrangers; mais un décret impérial ayant obligé les directeurs à quitter le Palais-Royal au premier janvier de l'an 1807, ils firent construire une salle au passage des Panoramas, (où ils sont encore). Dans l'intervalle de leur clôture à l'inauguration de cette nouvelle salle, c'est-à-dire du 31 décembre 1806 au 24 juin 1807, ils jouèrent à la cité. Ils y firent médiocrement leurs affaires. On les crut perdus; l'envie conçut de sinistres espérances sur leurs destinées futures. « Le quartier n'était plus le même; leur genre restreint, la mort de Caroline, le foyer surtout, le foyer qu'il n'était pas possible de rendre aussi attrayant que l'autre; tout pronostiquait la fin prochaine des Variétés. » L'inauguration s'en fit par le *Panorama de Momus*, vaudeville charmant de MM. Moreau, Francis et Désaugiers. L'assemblée était nombreuse. On rit; et l'on revint. « C'était la nouveauté de la salle; mais il y avait mille à parier contre un que la *bonne compagnie* dont ce quartier est le séjour, ne supporterait pas long-temps un aussi ignoble spectacle. » Cependant *les Bateliers du Niemen*, de MM. Désaugiers, Francis et Moreau; *Monsieur des Ortolans*, de M. de Chazet; *Romainville, Taconnet* et autres ouvrages gais continuèrent d'attirer la foule; et l'envie fut réduite à se taire.

Il faut convenir que la troupe des Variétés est depuis long-temps la meilleure de Paris. On peut trouver des spectacles de meilleur goût assurément; mais quel théâtre offre une réunion de talens comme ceux de *Brunet, Tiercelien, Lepeintre, Odry, Vernet, Bosquier-Gavaudan, Flore* et Mme *Barroyer*? Où joue-t-on la comédie avec plus d'ensemble? Le public se porterait en foule à un tel spectale, quand il serait à l'extrémité de Paris.

Nous pensons toutefois que ce n'est pas la seule cause du succès soutenu qui fait la fortune des Variétés, La grossièreté et les travers du peuple y sont constamment offerts à la risée publique, et cette *bonne compagnie* qu'on supposait devoir s'en dégoûter si vite, y prend un plaisir que la vogue d'une foule d'ouvrages grivois atteste suffisamment.

Le spectateur sort des théâtres sérieux avec des idées qui ne le rendent pas toujours content de lui même ; c'est tout le contraire aux Variétés. On lui immole ses inférieurs ; on lui présente des ridicules auxquels il ne participe en rien. La peinture en est souvent très-plaisante et très-spirituelle ; où trouverait-il un délassement plus agréable ? La basoche a cabalé contre les *Plaideurs sans procès*, de la comédie Française ; elle a applaudi de toutes ses forces l'*Intérieur d'une étude.* Dans le premier de ces deux ouvrages, on lui disait de bonne vérités ; dans l'autre on la flattait aux dépens de sa devancière ; il n'y a rien de mieux : les rieurs ont trouvé leur compte, et tout le monde a été content.

ADMINISTRATION.

Directeurs.

MM. Crétu , rue de Clichy , n. 35.
Brunet , Faubourg Montmartre , n. 21.
Desprèz , au Théâtre.
Lespinasse , rue....
Mira, secrétaire général, Faubourg Mont-
martre , n. 21.
Stef - Crétu , caissier , rue de Clichy ,
n. 36.
Bougnol, souffleur, rue de Rochechouard,
Rocque, inspecteur , au Théâtre.

Acteurs.

Brunet, Faub. Montmartre , n. 21.
Tiercelin , rue de Rochechouard, n. 51.
Bosquier, rue de Clichy, n. 35.
Lepeintre ainé , Boulevard Poissonnière ,
n. 12.
Cazot , rue Poissonnière , n. 21.
Blondin , rue de Rochechouard , n. 33.
Lefèvre, rue St. Denis , n. 348 , en face le
Passage du Caire.
Bignon , rue de la Tour , n. 10.
Bertin , Faub. Montmartre. n. 26.
Fleury , rue du Petit Lion St. Sauveur ,
n. 19.
Legrand, rue aux Ours , n. 10.
Lepeintre cadet , rue Basse d'Orléans ,
n.
Léonard Touzez , rue Rameau n. 6.
Odry , Faub. Montmartre , n. 45.
Vernet, rue Notre-Dame de Recouvrance,
n.

Béquet, rue de l'Echiquier, n. 10.
Arnal, Boulevard Montmartre, n. 6.
Charles, rue...
Dubiez.
Jolly, rue Feydeau, n. 1.
Georges, rue Montmartre, n. 154.

Mmes Barroyer, rue Bellefonds, n. 27.
Cuisot, Faub. Montmartre, n. 17.
Pauline, rue Bergère, n. 7.
Aldégonde, Boulevard Poissonnière, n. 16.
Vautrin, Boulevard Montmartre, n. 2.
Picot, rue Montmartre, n. 158.
Gonthier, rue Montmartre, n. 173.
Jenny-Vertpré, rue Bleue, n. 3.
Jenny, rue d'Enghien, n. 17.
Flore, rue du Mont-Blanc, n. 28.
Félicie, rue Cadet, n. 7.
Lepeintre, Boulevard Poissonnière, n. 12.
Chalboz, rue St. Marc, n. 5.
Antonine, rue
Bougnol, rue de Rochechouard, n. 74.
Maria, Faub. Montmartre, n. 7.
Mélanie, rue
Juliette Imar, rue du Faubourg Montmartre, n.

CHŒUR.

MM. Trémin, Lebas, Georges, Louis, Prieur,
Mmes Juliette, Caroline, Flore, Boucheny.

ORCHESTRE.

M. Blanchard, chef d'orchestre, rue Poitevin.

Premiers Violons.

MM. Lefèvre , Cordebar , Chomey , Dupierge.

Seconds Violons.

Compant, Ropiquet, Mauduit, Fénéaux, Giverne.

Basses.

Minet, Dénixot, Valin.

Contre-basses.

André, Krempel.

Quintes.

Barboteau , Michet.

Cors.

Simrock , Ivard.

Clarinettes.

Conrad , Gallet.
Rhein , flûte.
Simonet , basson.
Bellon , trombonne.
Gallet , accordeur.
Darondeau, compositeur.

Contrôle.

Blanc, contrôleur.

Buralistes.

Barier , Dethune , Damos , Giraud.

Portes de l'intérieur.

Coutelias , Royer , Sagot , Lali , Vaudoré, Simart , Piquot , Darville , Gourbier.

Ouvreuses de loges.

Mmes Simonet, Boileau, Bertrand, Bougeois,
Miné, Mulot, Blondin, Gressard,
Joséphine, Trouard, Jones, André.
M. Péget, machiniste.

MM. Jean, Antoine, garçons de salle.
Lavaley, gardien.

Mme Lintra, concierge du théâtre.

M. Sagot, concierge de la salle.

Répertoire des Variétés.

Acteurs à l'épreuve (les). vaudeville en un acte.

Alfred, et Félicie, vaudeville en un acte.

Amours du port au blé (les), vaudeville en un acte,

Angéline, vaudeville en un acte.

Bachelier de Salamanque (le), vaudeville en un acte.

Bonnes d'enfans (les), vaudeville en un acte.

Bouffe (le) et le tailleur, opéra en un acte.

Cadet-Roussel barbier, comédie en un acte.

Carte à payer (la), vaudeville en un acte.

Chapelle et Bachaumont, vaudeville en un acte.

Charrue (la) et l'antichambre, vaudeville en un acte.

Chatte merveilleuse (la), vaudeville en un acte.

Chevilles de Maître Adam (les), vaudeville en un acte.

Ci-devant jeune homme (le), comédie en un acte.

Coin de rue (le), vaudeville en un acte.

Désespoir de Jocrisse (le), comédie en deux actes.

Deux précepteurs (les), vaudeville en un acte.

Diable d'argent (le), vaudeville en un acte.

Diner de garçon (le), vaudeville en un acte.

Diner de Madelon (le), vaudeville en un acte.

Douvres et Calais, vaudeville en deux actes.

Duel (le) et le déjeûner, vaudeville en un acte.

Ennui (l'), vaudeville en deux actes.

Ermite de Saint-Avelle (l'), vaudeville en un acte.

Habitans des Landes (les), vaudeville en un acte.

Homme automate (l'), vaudeville en un acte.

Il ne faut pas condamner sans entendre, vaudeville en un acte.

Intrigue (l') de la Rapée, vaudeville en un acte.

Jarretière de la mariée (la), vaudeville en un acte.

Je fais mes farces, vaudeville en un acte.

Jocrisse changé de condition, comédie en deux actes.

Jocrisse, chef de brigands, comédie en un acte.

Jocrisse corrigé, comédie en un acte.

Jocrisse grand-père, comédie en un acte.

Laitière suisse (la), vaudeville en un acte.

Madame Scarron, vaudeville en un acte.

Mariage à la hussarde (le), vaudeville en un acte.

Marie Jobard, parodie en un acte, en vers.

Niais de Sologne (le), comédie en un acte.

Ours (l') et le pacha, vaudeville en un acte.

Patron Jean, vaudeville en un acte.

Petit enfant prodigue (le), vaudeville en un acte.

Petites marionnettes (les), vaudeville en un acte.

Petites pensionnaires (les), vaudeville en un acte.

Petits braconniers (les), vaudeville en un acte.

Pommadin, vaudeville en un acte.

Préville et Taconnet , vaudeville en un acte.
Quinze ans d'absence , vaudeville en un acte.
Sage et coquette , vaudeville en un acte.
Savetier (le) et le financier , vaudeville en un
  acte.
Sbogar , vaudeville en un acte.
Solliciteur (le), vaudeville en un acte.
Sourd (le) , comédie en un acte.
Tour de Colalto (un), vaudeville en un acte.
Trois étages (les), vaudeville en un acte.
Tyran peu délicat (le) comédie en un acte.
Vadé à la Grenouillère, vaudeville en un acte.
Vieux berger (le), vaudeville en un acte.
Vautour (M.), vaudeville en un acte.
Werther , vaudeville en un acte.

PORTE SAINT-MARTIN.

Ce théâtre qu'on appela à juste titre, l'*Opéra du peuple*, joua, dans l'origine, des pièces à grand spectacle, des comédies et des ballets. L'ouverture s'en fit le 30 septembre 1802. Le décret de 1807 le supprima ; en 1813 , des acteurs du théâtre royal de Hesse-Cassel, qui, à leur retour, avaient été pillés par les *cosaques*, s'adressèrent au ministre de l'intérieur d'alors, et demandèrent la permission d'ouvrir pour leur compte, le théâtre Saint-Martin. Ils présentèrent un plan qu'on ne trouva pas mauvais , et auquel il ne manquait que l'approbation du conseil-d'état , pour que le privilege leur fût accordé. Cette approbation eut lieu ; mais un peu plus tard , le ministère changea , et le privilège réglé sur le plan des acteurs Westphaliens fut donné à une famille de comédiens de province qui , apparemment , avait de meilleurs titres à cette faveur du gouvernement. *Sic vos non vobis* ! Enfin, le 26 décembre 1814, ce théâtre reprit le cours de ses représentations qui n'ont point été interrompues jusqu'à ce jour. Monsieur de Saint-Romain , ancien acteur de

Poitiers, Tours, etc., puis directeur des spectacles de Rochefort, Larochelle et autres, membre de la légion d'honneur, chevalier du sépulchre, etc., etc., céda, en 1816 ou 1817, l'exploitation de son privilège à M. Lefeuve. Sous l'administration de celui-ci, l'entreprise reçut quelques améliorations : les femmes furent exclues du parterre; le prix des places augmenta ; Potier, enfin, Potier, fit partie de la troupe, et lui assigna un rang qu'elle était loin d'avoir auparavant. Il est résulté de cette espèce de révolution, que le public de la Porte Saint-Martin est plus sévère et plus difficile qu'aux autres petits spectacles ; que s'il applaudit à des ouvrages tels que *les Solliciteurs et les fous*, le *Tailleur de J.-J. Rousseau*, les *deux Philiberte*, *Haguenier*, *le Mariage de Boissec*, *les Petites Danaïdes*, *les Hermites*, il est rare qu'il fasse grâce à un mélodrame ou à une farce. Puisse-t-il se maintenir dans de si louables sentimens !

ADMINISTRATION.

MM. Lefeuve, directeur privilégié, boulevard
Saint-Martin, n. 14.

Régisseurs.

Solomé, boulevard Saint-Martin, n. 14.
Martin, *idem*, n. 4.
Edouard, souffleur, rue de Traci, n. 6.
Rouillat, chargé de la location des loges,
au théâtre.
Auguste-Jacques, secrétaire-caissier, rue
Saint-Denis, n. 277.

Acteurs.

Potier, rue de Bondi, n. 8.
Philippe, rue des Marais, n. 19.
Pierson, boulevard Saint-Martin, n. 6.
Defresne, rue de Bondi, n. 6.
Emile, rue Saint-martin, n. 297.
Moëssard, rue des Marais, n. 2.
Dugy, rue Mêlée, n. 66.
Pascal, faubourg du Temple, n. 7.
Livaros, rue des Bons-Enfans, n. 21.
Aubertin, boulevard Montmartre, n. 1.
Thérigny, rue Meslée, n. 28.
Félix, rue du faubourg Saint-Denis.
Chéri, rue de Bondi, n. 52.
Lepel, boulevard Saint-Martin, n. 14.
Granger, rue de Bondi, n. 52.
Belfort, boulevard du Temple, maison
de Lacourrière, libraire.
Achille, rue neuve Saint-Denis, n. 26.
Mansard, faubourg-Saint-Martin, n. 8.
Vissot, rue Saint-Denis, n. 242.
Breton, rue Saint-Denis, n. 345.

Actrices.

Mmes Dorval, rue Meslée, n. 34.
Florval, rue neuve Saint-Denis, n. 1.
Saint-Amand, faubourg Saint-Martin, n. 11.
Adeline, rue Mêlée, n. 61.
Pelletier, rue neuve Saint-Denis, hôtel du commerce.
Granger, rue de Bondi, n. 52.
Descottes, rue Mêlée, n. 54.
Délia, rue Sainte-Appoline, n. 7.
Hugens, boulevard Saint-Martin, n. 14.
Chéri, rue de Bondi, n. 52.
Sidonie, rue Saint-Martin.

BALLETS.

M. Frédéric Blache, maître des ballets, rue Saint-Denis, n. 328.

Premiers danseurs.

MM. Télémaque, carré Saint-Denis, n. 8.
Alexis, faubourg-Saint-Martin, n. 8.
Rousset, *idem.*

Premières danseuses.

Mmes Pierson, boulevard Saint-Martin, n. 6.
Manette, faubourg Saint-Martin, n. 68.
Florentine, rue de l'Echiquier, n. 8.
Juliette, rue de Bondi, n. 38.

Instituteur des enfans.

MM. Petit.

Figurans.

Tournois, Martin, Bonissan, Ahn aîné, Ahn jeune, Boulet, Alexandre, Pélicier , Daveine , Huttin , Dégrois , Fanfan.

Mmes Manette , Battu , Pauline , Mélanie , Virginie, Joséphine Rhénon , Rouge, Duclos , Adelphine, Ambroisine, Mathilde, Oland , Tomson.

ORCHESTRE.

M. Chautagne , chef d'orchestre.
M. Hostier , répétiteur.
M. Cauville , premier violon.

Violons.

MM. Joly , Defrance , Lomagne , Escheins Dubois, Meugnot

Basses.

Régnault , Mathieu , Démol.

Contre-basses.

Blanchard , Naccard.

Bassons.

Perrier , Adam.

Cors.

Jacquemin , Vébert.

Quintes

Émile , Fauvelle.
Clermont , clarinette.
Couronneau , flûte.
Brod , hautbois.
Pavard , trombonne.
Degrenne , trompette.
Godfroy , timballier.

Lafosse, copiste.
Cellier, garçon d'orchestre.

Postes et contrôle.

MM. Ducrocq, coutrôleur des billets d'administration.
Praisau, inspecteur-général.

Contrôleurs et échangeurs.

MM. Bouillat.
  Morel.
  Chartier.
  Dérudder.

Ouvreuses de loges.

Mmes Fournelle, Piquant, Duval, Boucher,
  Bellanger, Carpentier, Mignon, Mayer,
  Pascal mère et fille, Dupuis, Dorlé,
  Lafosse, Bolsé, Baptiste.

Service du théâtre.

MM. Louis, à la porte du théâtre.
  Lemire, pour les accessoires.
  Vendredi, *idem.*
  Baptiste, porteur d'annonces.

Membres du comité de lecture.

MM. Lefeuve, directeur.
  Aubertin.
  Joigny.
  Le baron Louis Bilderberg.

Machiniste.

M. Poulet.
Mme Tissot, concierge.
Mme Lebon, portière.

Répertoire de la Porte Saint-Martin.

Amant somnambule (l') , vaudeville en un acte.

Anglais supposés (les) , comédie en un acte.

Baboukin , vaudeville en un acte.

Beau Narcisse (le) , vaudeville en un acte.

Bourguemestre de Saardam (le) , mélodrame en trois actes.

Brouille (la) et le raccommodement , vaudeville en un acte.

Bûcheron de Salerne (le) , vaudeville en un acte.

Cadet-Roussel Procida , parodie en un acte , en vers.

Cloyère (la) , vaudeville en un acte.

Deux noces (les) , vaudeville en un acte.

Deux Philiberte (les) , vaudeville en deux actes.

Épaulettes du grenadier (les) , vaudeville en un acte.

Épée de Jeanne d'Arc (l') , vaudeville en un acte.

Famille d'Anglade (la) , mélodrame en trois actes.

Fille mal gardée (la) , ballet-d'action en deux actes.

Frères à l'épreuve (les) , drame en trois actes.

Frères féroces (les) , parodie en un acte.

Haguenier , vaudeville en un acte.

Jehan de Saintré , vaudeville en deux actes.

Jeune Werther (le) , vaudeville en un acte.

Journée au camp (une) , vaudeville en deux actes.

Malheck-Adhel ; mélodrame en trois actes.
Mariage du ci-devant jeune homme (le), co-
    médie en vers.
Marie Stuart , mélodrame en trois actes.
Panier de cerises (le) , vaudeville en un acte.
Passe-partout (le) , vaudeville en un acte.
Petites Danaïdes (les) , parodie-vaudeville en
   un acte.
Pie voleuse (la) , mélodrame en trois actes.
Propriétaire sans propriété (le), comédie en
    un acte.
Six ingénus (les) , ballet en un acte.
Solliciteurs (les) et les fous , comédie en un
    acte.
Tailleur de Jean-Jacques (le) , comédie en
    un acte.
Trottin (M.) , vaudeville en un acte.
Vallée du torrent (la) , mélodrame en trois
    actes.
Vampire (le) , mélodrame en trois actes.

THÉATRE DE LA GAITÉ.

Ce théâtre était autrefois consacré à des exercices de force et d'adresse, comme celui des Funambules. Nicolet en fut le fondateur. Comme son privilège lui permettait d'ajouter de petites pièces et des pantomimes à son spectacle, il fut en état de profiter du décret de 1791, qui accordait à toute entreprise théâtrale, le droit de jouer les ouvrages tombés dans le domaine public. Il monta plusieurs comédies ; et *Georges-Dandin*, particulièrement, fut joué avec tant de succès par ses acteurs, qu'il eut presque autant de représentations que *Charles le téméraire.*

Aujourd'hui, les pièces tombées dans le domaine public, ne sont point représentées hors du théâtre où elles ont été jouées d'origine : ce qui fait que dans l'espèce, domaine public signifie domaine de quelques particuliers, comédiens, ou directeurs de comédie.

Après la mort de Nicolet, ses héritiers louèrent à bail, le théâtre de la Gaîté, qui alla tantôt bien, tantôt mal, jusqu'à ce qu'enfin, feu M. Bourguignon le prit à son compte, en

1808. Il fit réparer et embellir la salle ; et le 3 novembre , il reproduisit un spectacle dont les amateurs se voyaient à regret privés depuis le 30 mai , jour où on l'avait fermé pour les réparations. Une administration sage et active (qui ne s'est pas démentie depuis la mort de M. Bourguignon), donna bientôt à ce spectacle toute la prospérité dont il était susceptible. Sa troupe n'a pas cessé d'être une des plus complètes et des mieux composées de toutes celles du boulevard ; les décorations , les costumes , les ballets y ont toujours été extrêmement soignés ; et un journal disait dernièrement, non sans une grande apparence de raison : « Décidément , pour voir de véritables vaudevilles , il faut aller au théâtre de la Gaîté. »

ADMINISTRATION.

Directrice.

Mme Bourguignon, faubourg St.-Denis, n. 57.
MM. Frédéric, régisseur-général, faubourg du
    Temple, n. 26.
    Marty, régisseur, rue des fossés du Tem-
    ple, n. 38.

Secrétaires-Comptable.

Lévesque, rue d'Angoulême, n. 8.
Boissel, faubourg du Temple, n. 11.
Amphoux, souffleur, rue de Cléry, n. 3.

Acteurs.

Marty, rue des Fossés - du — Temple,
    n. 38.
Ferdinand, faubourg du Temple, n. 62.
Duménil, rue des Fossés du Temple,
    n. 4.
Victor, rue de Malthe, du Temple,
    n. 16.
Grévin, rue de Crussol, n. 1.
Lequien, rue Notre-Dame–de-Nazareth,
    n. 1.
Hérèt, rue Notre-Dame de Nazareth,
    n. 25.
Mercier, rue de la Tour, n. 9.
Brégi, rue de Malthe, du Temple,
    n. 23.
Marchand, rue St-Sébastien, n. 33.
Hippolyte, rue Geoffroy – Langevin,
    n. 6.
Charles, rue Bourg-l'Abbé, n. 11.
Martial, rue Saintonge.

Blanchard , boulevard du Temple , café de la victoire.

Théodore, rue Fontaine-au-roi, n. 25.

Actrices.

Mmes Bourgeois , rue de Crussol , n. 2.

Millot , rue de la Tour , n. 10,

Adolphe , rue des Fossés–du Temple , n. 43.

Emilie-Hugens ; faubourg du Temple , n. 28.

Letourneur, faubourg du Temple , n. 10.

Mitonneau , *idem.* n. 11.

Gougibus , *idem* , n. 18.

Alternack Patrat , rue

DANSE.

Maître des Ballets.

Lefèvré , rue neuve St.-Martin , n. 30.

Premiers Danseurs.

Petit , rue neuve St.-Martin , n. 34.

Raimbaut, rue Notre–dame de Nazareth, n. 6.

Henry , faubourg du Temple , n. 19.

Chéza , rue des Fossés-du–Temple, n.10.

Emile , rue du Temple , n. 121.

Mmes Prudent, rue des Marais, n. 2.

Aurore, *idem.*

Lebel, rue des Fossés–du-Temple, pas-sage de la Victoire.

Rose, rue Philipeaux, n. 7.

Bois, *idem.*

Sulkins, boulevard du Temple.

Figurans.

MM. Leroi , Godet , Darcourt, Louis , Voyé,

Alexandre , Machault , Dumouchel , Emile.

Figurantes.

Mmes Chéza, Bicand, Ducrai, Leroi, Lefeb-vre, Durier, Ferdinand, Bébel, Mar-gueritte.

Enfans.

Garçons. Cellerius, Cauchoix, Ladroite, So-livaux, Marchant, Contant.
Filles. Latour , Béguin , Louis, Héloïse , Ca-roline.

ORCHESTRE.

Chef.

M. Daussy , rue des Filles-du-Calvaire , n. 27.

Répétiteur.

M. Verdure.

Premiers violons.

MM. Borgne , Coudère.

Seconds violons.

Regnault , Brillard , Zobinet , Frédéric.

Basses.

Méry , Jacob aîné.

Contre-basses.

Levasseur , Jacob jeune.

Cors.

Lardant , Méry fils.

Clarinettes.

Bassin, Crépin.
Vidal , flûte.

Lemoine, basson.
Clément, trombonne.
Regnault fils, timballier.

Contrôle et postes.

MM. Lapôtre, Leclerc, Hauteville, Gratte-
pain, Roger.

Concierge.

M. Vanquelin.

Buralistes.

Mmes Aubertot, Dumont, Sauvage.

Ouvreuses.

Mmes Basnage, Deschamps, Deshaye, Colaut,
Tuileau, Jacques, Cornier, Roger,
Biquin, Debray, Dubois, Leble.

M. Gaî, peintre décorateur.
M. Camus, machiniste.

Répertoire du théâtre de la Gaîté.

Ange tutélaire (l') , mélodrame en trois actes.
Chien de Montargis (le) , mélodrame en trois actes.
Citerne (la) , mélodrame en trois actes.
Famille Sirven (la) , mélodrame en trois actes.
Fanfan la Tulipe , vaudeville en un acte.
Faux Mentor (le) , comédie en vers , en un acte.
Femme à vendre , vaudeville en un acte.
Femme médecin (la) , comédie en un acte.
Fille de l'exilé (la) , mélodrame en trois actes.
Fille grenadier (la) , vaudeville en un acte.
Fille mal gardée (la) , ballet en deux actes.
Fitz-Henry , mélodrame en trois actes.
Forteresse du Danube (la) mélodrame en trois actes.
Graine-de-Lin (M.) , vaudeville en un acte.
Grand' maman (la) , vaudeville en un acte.
Jean-Bart à Versailles , vaudeville en un acte.
Maitresses filles (les) , vaudeville en un acte.
Manon-Lescaut , mélodrame en trois actes.
Petite bonne , (la) , vaudeville en un acte.
Petit Eugène (le) , vaudeville en un acte.
Pied de mouton (le) , féerie en trois actes.
Pont du diable (le) mélodrame en trois actes.
Prisonnier pour dettes (le) , vaudeville en un acte.
Robe feuille-morte (la) , vaudeville en un acte.
Roses du bon seigneur (les) , vaudeville en un acte.

Ruines de Babylone (les), mélodrame en trois actes.

Soldat Tyrolien (le) mélodrame en trois actes.

Taconnet vaudeville en un acte.

Tête de bronze (la), mélodrame en trois actes.

Valets en goguettes (les), vaudeville en un acte.

Vincent de Paule, mélodrame en trois actes.

AMBIGU COMIQUE.

Voici ce qu'on trouve sur l'Ambigu comique, dans l'Almanach des Spectacles de 1792.
« Le fondateur de ce théâtre est M. Audinot,
» qui en est encore aujourd'hui l'entrepreneur et
» le directeur. Son entreprise est née du ressen-
» timent et de l'indignation dont un homme
» à talents est toujours agité, quand il éprouve
» une grande injustice.

« M. Audinot, autrefois chanteur au Théâtre
« Italien, fort estimé par son talent dans les
» rôles dits *à tablier* tels que le *Tonnelier*, etc.
» essuya un passe-droit. Il quitta la comédie
» italienne ; pour se venger, il imagina des
» bamboches, ou figures de bois, auxquelles il
» fit jouer des comédies et des opéras. Chaque
» figure imitait quelque acteur ou actrice
» du théâtre Italien, et polichinelle était *le*
» *Gentil-homme de la chambre en exercice,*
» qui distribuait les grâces. Cette caricature
» fit courir tout Paris. M. Audinot fit de très-
» gros bénéfices, et jamais comédiens ne furent
» aussi dociles, et portés d'aussi bonne volonté
» à faire la fortune de leur directeur, que les

» siens. Aux bamboches inanimées, M. Au-
» dinot substitua des enfans; et cette nouveauté
» ramena encore une fois la foule à son specta-
» cle. Il y a depuis fixé un genre particulier,
» qui y a acquis beaucoup de célébrité : celui
« de la *Pantomimè historique* ou *romanes-*
» *que*, etc.

A Audinot succédèrent Arnould, Picardeaux,
et Corse associé à Mme Puisaye. Ils maintinrent
tous la *Pantomime historique* ou *romanes-*
que en faveur ; la perfectionnant graduelle-
ment par l'accessoire des ballets, des combats
et même du dialogue.

Corse et Mme Puisaye, rendirent à ce spectacle la splendeur que leur devancier Picardeaux avait un peu compromise, et l'administration d'aujourd'hui, dont Mme Puisaye fait
encore partie, n'épargne rien pour mériter la
bienveillance du public. C'est sous cette administration que les deux meilleurs mélodrames
que l'on connaisse, *Calas* et *Thérèse*, ont été
mis en scène à l'Ambigu Comique.

Administration.

M. Audinot, propriétaire de la salle et du privilège, directeur, rue de Vendôme, n. 17.

Mme Puisaye, associée, *idem*.

MM. Varez, régisseur général, rue de Vendôme, n. 4.

Salé, régisseur, boulevard du Temple, n. 82.

Usannaz, souffleur, copiste, rue Molay.

Godin, secrétaire, rue des Fossés du Temple, n. 25.

Acteurs.

Raffile, rue de Malthe, n. 15.
Stockleit père, rue de la Marche, n. 10.
Frénoy, rue Minilmontant, n. 7.
Sallé, boulevard du Temple, n. 82.
Christmann, rue de la Marche n. 15.
Klein, rue de Bretagne, n. 44.
Boisselot, Faub. du Temple, n. 66.
Stockleit, fils, Faub. du Temple. n. 63.
Villeneuve, Faub. du Temple, n. 25.
Caron, *idem* n. 66.
Gilbert, rue Beauregard, n. 36.
Paul, Faub. du Temple, n. 66.
Barthelemy, Faub. St. Denis, n. 34.
Silvestre, *idem*.
St. Ernest, rue Jean Robert, n. 21.
Quesnot, rue de Minilmontant, n. 9.
Baron, rue du Faub. St. Martin.
Meynier, rue Boucherat, n. 23.

Actrices.

Mmes Lévesque, rue des Marais, n. 20.

Palmyre Lévesque , rue de Crussol , n. 7.
Eléonore , Faub. du Temple , n. 25.
Fanny, rue du Temple, n. 108.
Adam , rue de Bretagne , n. 3.
Joséphine, rue du Roi de Sicile, n. 21.
Picart - Usannaz , boulevard du Temple ,
n. 34.
Chevrier , rue Bourbon Villeneuve.
Olivier , rue de Cléry , n. 104.
La petite Millot.

DANSE.

Maîtres des Ballets.

M. Paul Maximilien , rue Notre Dame des
Petit Champs , n 20.

Prévôt.

M. Ardenet , rue Saintonge , n. 19.

Premiers Danseurs.

MM. Adolphe , rue St. Sauveur , n. 18.
Alexandre, rue du Temple , n. 69.

Premières Danseuses.

Gilbert , Faub. du Temple , n. 7.
Alexandrine , Faub. St. Martin , n. 11.
Clara , rue Charlot , n. 41.
Antoinette , rue Minilmontant , n. 6.

Figurans.

François , Pain , Hullin, Ardenet , Tournois , Millot , Javeau , Joly, Joseph.

Figurantes.

Angélique , Laure , Tiennette , Olivier ,
Lauzet , Dupuis , Raimbault.

Ecole de Danse.

Paul Maximilien, professeur.
Ardenet, répétiteur.

Elèves.

Adolphe, Harpi, Jules, Bacail, Prosper, Bussy.

Ambroisine, Annette, Edmée, Octavie, Doigne, Justine, Millot, Munercy, Aimée.

ORCHESTRE.

Chef.

Briffaut, rue N. St. François, n. 5.

Répétiteur.

Thourin, rue Neuve St. Martin, n.

Premiers Violons.

Daussy, Thourin, Quaisain, fils, Car-terey.

Seconds Violons.

Poulain, Lemaire, Poussard, Emile.

Altos.

Ste. Marie, Royer.

Basses.

Rénat père et fils.

Contres-Basses.

Paocher, Pinson.

Cors.

Reickmans , Hersein.

Clarinettes.

Turgis , Poulain fils.

Flûte.

Cochefer.

Basson.

Dossion fils.

Timbalier

Salé fils.

Contrôle et Postes.

Haniquet , contrôleur en chef.
Luiron , Tell , Charpentier , contrôleurs.

Buralistes.

M. Guérin
Mme Paradis.

Ouvreuses de Loges.

Mmes Tournois, Salomon , Lureaux , Poulain,
  Maillard , Maingre , Sophie , Belval , dé-
sallais , Corroy , Joséphine.

Au Dépôt des Cannes.

M. Richard.

Machinistes.

M. Panel.

Décorateurs.

M. Daguerre.
MM. Haudoin , Lampiste.
Michel, Coiffeur.

18*

Cuchet , cordonnier.
Gillet , chapelier.
Mouchy , mercier.
Balté , costumier.
Chenu , tailleur.

Habilleuses.

Mmes Gouvé.
Alexandre.
Bussy.

Concierge.

Répertoire de l'Ambigu-Comique.

Amanda, mélodrame en trois actes.
Amans en poste (les), comédie en un acte.
Bataille de Pultawa (la), mélodrame en trois
actes.
Belvédère (le), mélodrame en trois actes.
Botte (M.), comédie en trois actes.
Botte secrète (la), vaudeville en un acte.
Calas, mélodrame en trois actes.
Caroline et Storm, mélodrame en trois actes
Chambre à louer, comédie en un acte.
Clara, mélodrame en trois actes.
Cœlina, mélodrame en trois actes.
Deux fugitifs (les), comédie en un acte.
Deux statues (les), comédie en un acte.
Double enlèvement (le), comédie en un acte.
Edgar, mélodrame en trois actes.
Fat de village (le), vaudeville en un acte.
Fausse correspondance (la), comédie en un
Femme à deux maris (la), mélodrame en
trois actes.
Fils banni (le) mélodrame en trois actes.
Folle épreuve (la), comédie en un acte.
Folle intrigue (la), comédie en trois actes.
Forêt d'Hermanstadt (la), mélodrame en
trois actes.
Forêt périlleuse (la), mélodrame, en trois ac-
tes.
Gouverneur (le), comédie en un acte.
Hariadan-Barberousse ; mélodrame en trois
actes.
Hazard et folie ; comédie en un acte.

Henriette et Adhémar, mélodrame en trois actes.

Henry et Perrine, comédie en un acte.

Heureux hasard (l'), comédie en un acte.

Homme à trois visages (l'), mélodrame en trois actes.

Hôtelier de Milan (l'), comédie en trois actes.

Incognito(l'), comédie en un acte.

Jean-de-Calais, mélodrame en trois actes.

Jeune homme enlevé (le), comédie en un acte.

Laitière prussienne (la), comédie en un acte.

Machabées (les), mélodrame en trois actes.

Maison de Pantin (la) vaudeville en un acte.

Mari confident (le), comédie en un acte.

Palmerin, mélodrame en trois actes.

Pièce en perce (la), vaudeville en un acte.

Retournons à Paris, vaudeville en un acte.

Ricco, comédie en deux actes.

Rival oligeant (le), comédie en un acte.

Siège du clocher (le), mélodrame comique en trois actes.

Songe (le), mélodrame en trois actes.

Suites d'un duel (les), comédie en trois actes.

Suppléans (les), comédie en un acte.

Tékéli, mélodrame en trois actes.

Thérèse, mélodrame en trois actes.

Tournois (le), vaudeville en un acte.

Trois n'en font qu'un, vaudeville en un acte.

Voyage autour de ma chambre (le) vaudeville en un acte.

Voyageur (le), comédie en un acte.

CIRQUE OLYMPIQUE.

Ce théâtre est construit sur le terrein de l'ancien manége d'Astley, où il prit naissance. Dans l'origine, les représentations scéniques ne faisaient point partie de son spectacle. On s'y bornait à de simples exercices gymnastiques. Mais les efforts continuels des frères Franconi, leurs talens et leur probité dans la gestion de leur entreprise, les rendirent intéressans au Gouvernement qui crut devoir les encourager. Ils avaient transporté leur établissement du faubourg du Temple au jardin des Capucines ; ce jardin ayant fait place à la belle rue de la Paix, le Cirque-Olympique fut obligé de se loger ailleurs; il s'établit alors, entre les rues Saint-Honoré et Mont-Thabor; et ce fut là que la permission de joindre un théâtre à son manège lui fut accordée.

Le zèle des entrepreneurs sut mettre cette faveur à profit. Des loges furent construites dans le nouveau local ; et des pièces, pompeuses par l'ensemble des costumes et des décorations, attirèrent le public, qui ne trouvait dans aucun des autres petits spectacles autant d'agrémens de variété.

De nouveaux projets de constructions publiques ayant encore obligé les frères Franconi à
changer de domicile, ils reprirent le chemin du
faubourg du Temple, et s'établirent enfin où
nous les voyons aujourd'hui. Le public les y
suivit volontiers ; et il faut avouer que le soin
qu'ils apportent à la mise en scène des pièces
qu'ils représentent ; que ceux surtout qu'ils
donnent à leur manège, où l'ascendant de
l'homme sur les animaux les plus indociles, est
démontré d'une manière si étonnante et si admirable, les rendent bien dignes de cet empressement.

ADMINISTRATION.

Directeurs privilégiés.

MM. Franconi frères, rue de Malthe, n. 12.

Caissier.

Bunel, rue du Temple, n. 59.

Régisseurs.

Paul , rue du faubourg du Temple , n. 103.

De la garde , rue

Contrôleur en chef.

Avoine, rue de Lancry , n. 28.

Acteurs.

Franconi frères, rue de Malthe , n. 12.
Adolphe–Franconi , idem.
Paul , rue du faubourg du Temple ,
Bunel , rue du Temple , n. 59.
Bailleste, faubourg du Temple , n. 21.
Férin , rue Bourbon-Villeneuve, n. 49.
Ahn , rue des Marais , n. 10.
Charles, rue St.–Nicolas du Chardon-
net , n. 8.
Edouard , rue Amelot, n. 34.
Chap , rue de Malthe , n. 19.
Louis, enclos du Temple, n. 22.
Lecointre , faubourg St.–Martin, n. 8.
Félix , boulevard St.-Martin , n. 8.
Alcipe Delomé , faubourg-Montmartre ,
n. 8.
Violet , rue d'Orléans, n. 9.

Mmes Franconi, rue de Malthe , n. 12.
Rosine, *idem.*
Fanny, rue de Lancry , n. 9.
Tigée , faubourg du Temple.
Baron , rue de la Lune , n. 12.
Caroline , rue de la Corderie , n. 2.

Danse.

MM. Chap, maître de ballet , rue de Malthe ,
n. 19.
Delalande , premier danseur.

Figurans.

Dumouchel.
Cornet.
Hullin.
Cloteau.
Charlemagne.
Fournol.
Vincent.
Millot.

Mmes Jacquinet, première danseuse , rue de
Paris , à Abbeville.
Grassienne, *idem*, Boulevard St.-Martin.

Figurantes.

Barbier.
Caroline.
Ahn.
Eugénie.
Emilie Delaporte.
Jeannette Gobin.
Louise.
Godet.
Tigée.

Ecuyers.

MM. Franconi père,
Franconi aîné.
Franconi jeune.
Adolphe Franconi.
Bassin pere et fils.
Casimir.
Lagoutte.
Emile.
Massen.
Constant.
Bastien.
Jules.
Chauveaux.
Mlle Caroline.

Orchestre.

MM. Sergent, chef d'orchestre, rue de Malthe, n. 14.
Devenois, sous-chef, Palais-Royal, galerie vitré, n. 216.
Philippe, répétiteur, rue Charlot, n. 1.

Premiers Violons.

Letacq, rue de la Tixéranderie, n. 60.
Fillette, rue St.-Sauveur, n. 50.
Bertin, rue du Bac, n. 55.

Seconds Violons.

Julien, rue du Dauphin, n. 12.
Cerclier, rue du Four St.-Germain,
n. 44.
Issa, rue neuve St.-Laurent, n. 1.

Altos.

Gautri , faubourg St.-Martin , n. 98.
Adnet , rue du Ponceau , n. 13.

Violóncelles.

Millaux , rue de l'Échiquier , n. 26.
Rocher , rue des Nonaindières , n. 8.
Ricadet , rue Pavée St.-André-des-Arts ,
    n. 15.

Contre-Basses.

Romain , rue du gros Chenet , n. 23.
Jongmans , rue des Nonaindières, n. 6.

Cors.

Risam , rue Maison-neuve, n. 1.
Debrucq, même rue.

Flûtes.

Leplauquet , rue du Bac, n. 3 3.

Clarinettes.

Regnault , rue Boucherat, 1 1 2.

Basson.

Maillard, rue de l'égoût-St.-Paul , n. 23.

Haut-bois.

Rimbert , rue de la Ferronnerie, n. 16.

Trombonne.

Audebert , passage du petit St.-Antoine ,
    n. 69.

Trompette.

Schautz, quai d'Orsay, hôtel des Gardes-
  du corps.

Firmin, timbalier et bibliothécaire, faubourg du Temple, n. 3o.

Cotelle, concierge.

Echangeurs et ouvreuses de loges

Picot, Prince, Henriette, Beaupré,
  Colbert.

Mmes Lefèvre, Villeneuve, Lecomte, Petit,
  Mabillotte, Maz, Tubœuf.

Répertoire du Cirque-Olympique.

Atala et Chactas, mimodrame.
Caïn.
Catherine de Steinberg.
Chaumière Hongroise (la), Mélodrame.
Chien deTerre-neuve (le), pantomime.
Coffre de fer (le), mimodrame.
Damoisel et Bergerette , pantomime.
Don Quichotte,
Fayel.
Fille hussard (la).
Géneviève de Brabant, mimodrame.
Gérard de Nevers, pantomime.
Kléber, pantomime.
Macbeth, mimodrame.
Maréchal de Lœwendal (le), pantomime.
Martyrs (les), pantomime.
More de Venise (le), mimodrame.
Muette (la), mélodrame.
Ours et l'enfant (l' ,mimodrame.
Pic terrible (le), mimodrame.
Pucelle (la).
Poniatowski, mimodrame.
Roberd le diable, mimodrame.
Roland furieux, mimodrame.
Soldat Laboureur (le), mimodrame.
Ugolin, mimodrame.

PANORAMA DRAMATIQUE,

L'ouverture de ce théâtre a eu lieu le 5 avril 1821. C'est encore un exemple de l'abus des priviléges. Il joue des drames, des comédies et des vaudevilles; mais il ne peut avoir en scène que deux acteurs parlant. On juge comme cela doit tourner au profit de l'art et du goût. Messieurs, empêchez qu'on ouvre de nouveaux théâtres, soit; mais quand vous en autorisez, ne les baillonnez point. N'imposez pas à de pauvres auteurs la nécessité d'être sots et absurdes. La nature n'y aide, hélas! que trop; même chez nos plus grands génies.

Quoi qu'il en soit le Panorama-Dramatique est un fort joli théâtre qui se distingue de tous ceux du boulevard, par sa façade élégante et monumentale.

La décoration intérieure de la salle est composée d'un soubassement qui supporte un grand ordre corinthien-arabesque surmonté d'un autre petit ordre qui soutient la coupole. Les ornemens, d'un style léger et gracieux, sont appliqués sur un fond vert tendre. L'architecte, M. Vincent, a si habilement tiré parti du terrein,

19*

que toute petite que parait cette salle , elle peut
cependant contenir quinze-cents personnes. Si
nous ne nous trompons , c'est au même
artiste que nous devons les charmantes montagnes de Tivoli, et nous pouvons lui en faire
compliment, car aucun accident n'en a fait
déplorer l'invention. Puissions-nous avoir à le
féliciter également de la solidité de son *Panorama.*

M. Alaux, directeur, rue des Fossés du Temple, n. 38.

Administrateurs.

MM. Martine.
Poissinot.
Dubois.
Châtelain.
Damas.
M. Fleury, caissier.
M. Pénancier, régisseur.

Acteurs.

MM. Auguste, premier rôle.

Jeunes premiers.

Camiade.
Francisque.
Lefèvre.

Pères nobles.

Le Gros.
Faux.

Troisièmes rôles.

Boucher.
Monnet.
Plançon.

Comiques.

Serres.
Vautrin.
Bouffé.
Théodore.

Utilités.

Alexis.
Travers.

Actrices.

Mmes Gobert, premier rôle.

Amoureuses.

Maria.
Laure.
Mercier.
Belfort.
Eugénie.
Florville.

Caractères.

Lecomte.
Louis.

Ballet.

M. Renauzy, maître de ballet.

Premiers danseurs.

MM. Josse.
Bégrand.

Premières danseuses.

Mmes Varnier.
Marivin.
Palier.

Figurans danseurs.

MM. Durier.
Charlemagne.
Hartwig.
Cloteau.
Belcour.
Belfour.

Figurantes danseuses.

Mmes Chevalier.
Gossard.
Rousse.

Contant.
Guittes.
Tullot.

Figurants.

MM.   Briffaut.
Chartier.
Langevin.
Ambroise.

Figurantes.

Mlles Annette.
Langier.
Pénancier.
Alexandrine.

ORCHESTRE.

M. Marty, chef d'orchestre.
M. Jam, répétiteur.

Violon.

MM. Letacq.
Ista.
Dupin.
Evin.
Lamotte.
Destinville.
Pélé.

Basses et contrebasses.

Roger.
Miscaut.
Delacour.
Delasaulnière.

Cors.

Montelly.
Bessières.
Guérin, flûte.

Clarinettes.

MM. Félix.
Malet.
Moreau, hautbois.
Chevalier, basson.
Armant, alto.
Languardorff, trombonne.
Georges, timballier.

CONTROLE.

Contrôleurs.

MM. Campigny, Firmin, Alfroy, Berger.

Buralistes.

Mmes Alfroy, Candel, Nicolle, Richard.

Ouvreuses de loges.

Mmes Chandouin, Horiac, Henriet, Citron,
Labatte, Paul, Marchand mère et fille,
Le Moustre, Létuvé, Eugénie, Gentil-
homme, Vernier.

Ouvreurs du parterre.

MM Pasteur, Joson.

Sanctus, costumier.
Thomas, machiniste.
Verron Delacroix, souffleur.
Lebrun, armurier.
Verzot, garçon de théâtre.
Thomas, perruquier.
Hély, chef de cabale.
Carier, concierge.

*Le Panorama-Dramatique n'existant point
antérieurement à l'année 1821, son répertoire
se trouvera à l'article :* TRAVAUX DES THEATRES.

SPECTACLES DE CURIOSITÉS.

Nous appelons ainsi tous les spectacles étrangers à la littérature, ou du moins ceux où elle ne figure qu'à titre d'accessoire. On va nous dire que les théâtres de mélodrames sont tous dans ce cas, et que nous aurions dû les comprendre dans cet article. L'objection serait rigoureuse. *Calas*, *Thérèse*, *la Pie voleuse*, *Hariadan-Barberousse* dont le dénouement est peut-être le plus beau qu'on ait mis sur aucun théâtre, quelques autres ouvrages encore, que tout Paris a voulu voir, commandent un peu plus d'indulgence et de mesure. Des auteurs renommés à juste titre, d'ailleurs, n'ont point dédaigné de dialoguer quelquefois les scènes d'un mélodrame ; et il y aurait de la témérité à lancer contre eux l'anathème. La tragédie est trop sévère pour le peuple ; il n'a pas des idées d'un ordre assez élevé, pour jouir complètement de ce genre de spectacle. Quand on n'y trouve que des événemens et des coups de théâtre ; que la peinture du cœur humain n'y est point fidèle; que sa marche n'est point le développement de quelque grande leçon de morale.

ou de politique , le peuple peut assurément s'y divertir ; car il n'y a là rien de plus que dans le mélodrame. « Et mes vers ! s'écriera un auteur, enflé du petit mérite d'avoir su dire des pauvretés en langage harmonieux. — Vos vers , lui répondra mon spectateur du Cirque ou de l'Ambigu , vos vers ne valent pas les ballets de monsieur Blache, la musique de monsieur Quaisain, et les évolutions militaires de MM. Franconi, » Or , mon spectateur n'aura-t-il pas raison ? Si le mélodrame était à créer , il faudrait le faire avorter peut-être. Les *danseurs de corde* , les *Parades,* et les *Farces,* valent sans doute mieux pour le peuple, que des romans en action où des passions factices et exagérées, ne font que lui inspirer des idées fausses et dangereuses ; mais le mélodrame existe depuis long-temps ; le peuple s'y est habitué : ce qu'on peut faire de mieux, c'est de perfectionner un genre de spectacle dont il est si curieux , et qu'il n'est pas entièrement impossible de faire tourner à son profit. Il était donc raisonnable de faire une distinction entre les théâtres de mélodrame et les simples *spectacles de curiosité.*

SPECTACLE ACROBATE.

On y donne des danses de corde, et des pantomimes-arlequinades. Les acteurs n'y peuvent entrer en scène, qu'en faisant la *roue* ou le *saut périlleux*. Dans une pièce héroïque que nous y avons vu représenter, deux princes rivaux, disputant de mérite en présence de leur maîtresse, se mirent à sauter et à cabrioler de toutes leurs forces ; et celui qui fut préféré par la princesse, ne dut cet avantage qu'à l'excellence de ses *culbutes* et à la vivacité de ses *tours-en-l'air*.

DIRECTION.

MM. Saqui, privilégié, au théâtre.

Bertrand.
Fabien. } *Directeurs associés.*

Lafargue, régisseur.
Clairville, secrétaire.

Mimes.

Chevalier.
Achille.
Amable.
Martin.

Laurent frères.

Hinaux.

Auguste.

Alleaume.

Mmes Augusta.

Debureau.

Placide.

Joissant.

Clairville.

Hinaux.

Elisa.

Zoé!

Justine.

M.   Didier, chef des comparses.

DANSE

Maître de Ballet.

MM. Godet, rue de Beaujolais, n. 2.

Danseurs.

Henri.

Constant.

Morel.

Mmes Joissant.

Auguste.

Louise.

Enfans.

Laurence, Justine, Zoé.

Danse de corde.

MM. Charigny.

Boini.

Lange.

Doda.

Bellery , comique.

Mmes Saqui.

Charigni.

Nanette.

Victorine.

Zoé.

ORCHESTRE.

MM. Eugène , chef.

Violons.

Nadot ,

Pichard.

Tolbec.

Adolphe.

Nicolas , clarinette.

Vauderland , contre-basse.

Chrétien , première flûte.

Charles , deuxième.

Erchard , cor.

Ernest , timballier.

SPECTACLE DES FUNAMBULES.

DANSE DE CORDE , PANTOMIMES-ARLEQUINADES.

Administrateurs.

MM. Bertaud et Fabien.

M. Gougibus aîné , régisseur.

ACTEURS.

MM. Silvain.
Sirot.
Philibert.
Desbureau.
Baude.
Deloste.
Charles.
Mmes Julie.
Flora.
Marion.
Adèle.
Catherine.
Williams.

ORCHESTRE.

MM. Leroi, chef.
Moura, violon.

*** , cor.

Fontaine , contre-basse.

Williams , clarinette.

*** , second violon.

SPECTACLE DU PETIT LAZZARI.

Au nombre des spectacles qui furent supprimés en 1807, se trouva le *théâtre sans prétention*, qui existait depuis long-temps , et que tout Paris avait connu sous le nom de *théâtre des associés.* En 1815, le directeur de ce spectacle, M. Provost, fit des démarches pour reprendre l'exploitation de sa propriété. On permettait l'ouverture de plusieurs autres théâtres : il se croyait quelques droits ; on ne l'écouta point. Il s'adressa à la chambre des députés qui passa trois années de suite à l'ordre du jour sur sa réclamation. Mais soit qu'on ait enfin senti l'injustice d'une semblable rigueur ; soit qu'au moment où l'on permit l'ouverture du Panorama-Dramatique, on eût quelques scrupules, ou qu'on craignît un nouvel appel à l'équité des chambres, d'où devait résulter du moins la publicité d'un acte arbitraire, on donna quelque petite satisfaction à M. Provost. Il lui fut accordé, dit-on, d'ouvrir

20*

un spectacle de curiosité, sur le boulevard où son théâtre avait autrefois brillé. Nous pensons que ce théâtre est celui que nous annonçons ici; où l'on représente aussi des pantomimes-arlequinades outre des exercices et autres divertissemens.

THÉATRE DE M. COMTE.

Hôtel des fermes.

Escamotages, tours d'adresse, ventriloquie: le tout mêlé quelquefois à des proverbes ou scènes dialoguées. En 1817, M. Comte obtint le privilège du spectacle Mont-Thàbor (ancien emplacement du Cirque-Olympique) ; mais on l'obligea à ne donner ses représentations, réduites d'ailleurs à quelques tableaux animés, que derrière une gaze. Cette bisarrerie ne piqua même pas la curiosité; et le nouveau spectacle tomba.

THÉATRE DE PIERRE.

Galeries Montesquieu.

Cet établissement porte le nom des son fondateur, célèbre mécanicien, mort depuis quelques années. On y voit des figures mécaniques extrêmement ingénieuses, et la représentation en perspective des grands effets et des grandes scènes de la nature ; ainsi que celle de sites curieux et pittoresques.

COSMO-MÉCANICOS.

Passage des Panoramas, n. 14.

Physique expérimentale, physico-magie, etc. Mélange du spectacle de Pierre, de celui de M. Comte, et de la fantasmagorie.

Tous les jours à 8 heures du soir.

SALON COSMOGRAPHIQUE,

ET PANORAMA EN GRAND RELIEF,

Palais-Royal, galerie de pierre, n. 53.

Tous les jours.

Les morceaux lès plus curieux qu'on y ait vus cette année sont : l'*Ile Sainte-Hélène, la ville de Babylone*, l'*Entrée d'Henry IV à Paris*, le *Siège d'Huninguè*, etc. etc.

PANORAMA D'ATHÈNES,

Boulevard des Capucines. Prix 2 fr. 30 cen.

Tout le monde connaît ce bel établissement et les talens de M. *Provost*, qui en est le fondateur et le propriétaire.

DIAPHANORAMA.

Vues transparentes de la Suisse.

Palais-Royal, n. 3. Les voitures arrivent par la rue Montpensier, n. 8.

Représentations tous les jours, 1° à 7 heures du soir, 2° à 9 heures. Prix : 2 fr. et 1 fr.

GALERIE POMPEI.

Fêtes, bals-parés, concerts, sérénades à l'italienne, expériences de physique, etc. Prix 2. fr., impôts compris.

SPECTACLE DE SÉRAPHIN.

Palais-Royal , galerie de pierre n. 151.

Bamboches , fantoccinis, ombres chinoises. Spectacle très-fréquenté par les bonnes-d'enfans et quelques amateurs.

JARDINS PUBLICS.

MONTAGNES BEAUJON.

Au haut des Champs-Elysées. Fêtes militaires, danses , courses en char , Feux-d'artifice , illumination , etc.

TIVOLI.

Rue St.-Lazare n. 78.

Mêmes divertissemens qu'au précédent. Il faut ajouter cependant qu'il n'est jamais arrivé d'accident à ses montagnes , dont M. Vincent est l'architecte.

MONTAGNE BELLEVILLE.

Un des plus agréables jardins de Paris.

On y a donné de belles fêtes , des bals à grand orchestre , de brillantes illuminations , des courses en chars , des ballons , tours de physique., jeux de toutes espèces, feux–d'artifice , etc. Prix d'entrée : 2 francs.

JARDIN MARBŒUF.

Grande avenue des Champs–Elisées.

Voici le programme d'une des fêtes qu'on y a données :

« Fête extraordinaire ouverte à midi. Ecole de chasse à 6 heures , ascension, à ballon captif, de l'amour , et descente avec parachûte. Bal à grand orchestre , conduit par le Sr Weber. Duos, cavatines , ariettes bouffonnes , nocturne à deux voix , romances napolitaines , d'après Mme Catalani , Nicolini Bianchi , et chantés sur le théâtre du jardin par MM. Cervieri et Dey

Innocenti. Illumination du moulin Sans-Souci, en verres de couleur. — A 9 heures, ascension d'un ballon lumineux. Grand feu d'artifice.

WAUXHALL D'ÉTÉ.

Boulevard St. Martin.

Lieu charmant, à la distribution et à l'ornement duquel le goût et l'élégance ont présidé.

On y donne des bals parés à grand orchestre, de jolies fêtes ; assez souvent des concerts et quelquefois des assauts d'armes.

COMBAT DES ANIMAUX.

Barrière du Combat.

Spectacle où les cœurs lâches et féroces peuvent jouir sans danger du doux plaisir de voir des animaux innocens se déchirer entre eux; où ils peuvent contempler à loisir du sang et des chairs palpitantes.

Nous comprenons fort bien qu'on tolère les

maisons de jeu : tant de gens y trouvent leur profit !.... mais un spectacle qui ajoute à la brutalité des hommes qui le fréquentent, sans faire rien gagner au naturel des animaux qu'on y emploie ; un établissement qui n'est pas en état de payer la protection d'un garçon de bureau ! cela nous étonne. Il faut qu'il ait en lui quelque mérite qui nous est inconnu.

Nous y avons vu des femmes ; nous les avons vues tressaillir de joie à l'aspect d'un jeune taureau, qu'on avait eu soin d'affaiblir par le jeûne, et que des chiens, devenus furieux à la voix de leurs maîtres, attaquèrent et déchirèrent cruellement. Soit que le pauvre animal fût trop épuisé, soit qu'il fût d'un naturel trop doux pour résister et opposer la rage à la rage, il se mit à fuir d'un air éperdu, en poussant des mugissemens de douleur et de détresse. Il se brisa une corne contre un pilier que son trouble l'empêcha d'apercevoir. Nous l'avouons dans toute l'humilité de notre cœur, aux amateurs de cette sorte de divertissement; nous n'eûmes pas la force d'en voir davantage , et en quittant précipitamment ce lieu d'horreur et de cruauté , nous entendîmes des voix humaines se mêler aux aboiemens des chiens , et les couvrir de ce cri féroce *à mort* !

SPECTACLES DE LA BANLIEUE.

Ils dépendent d'une seule et même administration dont M. Seveste, pensionnaire du Vaudeville, est le directeur. On se souvient encore de la manière piquante et originale dont cet acteur créa plusieurs rôles à la rue de Chartres. Il était encore dans la force de l'âge et du talent, quand on ne sait quels motifs l'obligèrent à se retirer. Ce n'est pas la seule perte que le Vaudeville ait faite de cette manière inexplicable; et la meilleure de ses actrices; celle qu'il lui sera aussi difficile de remplacer, qu'il le serait à la comédie française de donner un successeur à Talma, cessa de faire partie de sa troupe, sans que personne pût comprendre l'espèce d'intérêt que ni l'une ni l'autre, pouvait y avoir.

Mme Hervey a trouvé une place à la rue de Richelieu, et elle ne pouvait pas rester sans emploi; mais son talent était fait pour paraître en première ligne, et elle a trouvé à la Comédie Française des réglemens qui ne lui sont rien moins que favorables ; en sorte qu'on en est privé à la rue de Chartres, sans en jouir qu'à peine à la rue de Richelieu. Le vaudeville a opéré encore à-peu-près de la même manière avec Mme Bodin.... « aussi , voyez le beau coton qu'il jette ? »

Les spectacles de la Banlieue sont ceux du *Ranelagh* , de *Sevres* , de la barrière *Mont-Parnasse* et du *Roule*. M. Séveste y fait représenter toutes les nouveautés qui ont quelque succès en ville ; et l'on ne doit pas moins d'éloges à l'intelligence avec laquelle il les met en scène , qu'à ses soins scrupuleux et à son zèle. Sa troupe est presque toute composée d'amateurs. Plusieurs déjà ont sérieusement pris le parti du théâtre ; et le succès a justifié leur résolution. Nous citerons parmi eux Dormeuil et Mme Esther , deux des sujets les plus distingués du Gymnase.

Les mêmes amateurs vont quelquefois donner des représentations à St.-Denis, où il y a un assez joli théâtre; et l'on a vu Fontenay du Vaudeville les entraîner jusqu'à Pontoise.

THÉATRES DE PROVINCE.

Les principaux sont ceux de *Lyon*, de *Bordeaux*, de *Marseille*, de *Rouen*, de *Nantes* et de *Strasbourg*.

Aux termes du décret de 1808, ces grandes villes peuvent avoir deux spectacles. Lyon et Bordeaux, sont cependant les seules qui usent du privilège.

LYON.

Théâtre des Terreaux.

On y joue la tragédie, la comédie, l'opéra et l'opéra comique. Il y a un ballet.

M. Saingier, directeur.

M. Revelle, régisseur général.

Les principaux sujets de ce théâtre sont :

MM. Valmore, *premier rôle de la comédie, que nous avons vu à l'Odéon.*

Desroches. *jeune premier*, id.

Dérubelle, *dont tout le monde a admiré la belle voix et le jeu naturel et vrai, lors de ses débuts à Feydeau à la fin de 1820.*

Mmes Folleville, *Première chanteuse à rou-
lades.*

Chapron, *Soubrette.*

(*Malgré une sage administration, ce
théâtre est toujours en perte.*)

THÉATRE DES CÉLESTINS.

Même administration que celui des Ter-
reaux.

On y joue le Vaudeville et le Mélodrame.
Il fait de très-brillantes affaires. Honneur
donc au Mélodrame et au Vaudeville !

BORDEAUX.

Grand Théâtre.

Tragédie, Comédie, Opéra-Comique et
ballets.

M. Cortay-Bojolay, directeur.
M. ***, régisseur.

Les principaux acteurs sont :

MM. Colson, *premier rôle de la comédie. On
l'a vu aux Français où il don-*

nait des espérances qui se réa-
lisent.

Albert, *Jeune premier. Elève du conservatoire.*

Tiste, *Premier-comique.*

Lecomte, *chanteur qu'on a entendu à
l'Académie royale de musique.*

Valbonte. *pour les rôles de Lays et de Martin dans l'opéra et l'opéra-co-
mique. Belle voix ; sujet digne
d'être entendu à Paris.*

Mmes Boinet. *Jeune et jolie personne ; très-
remarquable dans les premiers
rôles de la comédie.*

Suzanne, *soubrette.*

M. Blache fils, *maître-des ballets. Une imagination riche ; un beau talent.*

THÉATRE DE LA GAITÉ.

Même administration ; abandonnée ainsi que
celle du grand théâtre par M. Fargeot, dans le
courant de janvier 1811.

On y joue le vaudeville et le mélbdrame ; et

le mélodrame et le vaudeville y jouissent de la plus grande prospérité. Il faut dire que M. Cortay-Bojolay est l'administrateur du théâtre le plus entendu qu'on ait eu à Bordeaux depuis un demi-siècle. C'est lui qui a fait bâtir le théâtre de la Gaîté.

MARSEILLE.

Grand théâtre, belle salle construite sur le plan de l'ancien odéon, dans un quartier riche et supérieurement bâti.

On y joue la tragédie, la comédie, l'opéra et l'opéra-comique.

On a supprimé cette année le ballet, par raison d'économie. Grand désappointement pour le public marseillais, qui, ordinairement, s'occupe d'affaires de bourse et de commerce pendant la comédie, d'affaires indifférentes pendant l'opéra ; mais qui est très-attentif et très-silencieux pendant le ballet.

MM. Chapus, directeur.

*** , régisseur.

ROUEN.

Opéra, comédie et vaudeville. Point de mélodrame.

M. Vanhove, directeur.

M. Collet, régisseur.

Principaux sujets.

MM. Verteuil, *premier valet de la comédie.*

    Cassel,   *rôles de Martin dans l'opéra-
comique. Nous le verrons, dit-
on, en 1822, à Feydeau.*

    Signol,   *premier comique de l'opéra. Du
naturel, une jolie voix ; sujet
qui devrait-être à Paris.*

    Roche,   *Jeune amoureux, qui serait
peut-être utile au second théâtre
français ; mais qui est engagé
au Gymnase, où nous le verrons, dit-on aussi, en 1822.*

    Duruissel, *père-noble de la comédie. On
l'a vu à la comédie Française.*

Mmes Lemaire. *grands premiers rôles, reines
et mères nobles.*

Virginie-Legrand. *premiers rôles ; jeunes co-*
quettes.

Floriny. *jeune chanteuse qui a une voix*
agréable, qui est jolie, et que
nous verrons, dit-on, à Fey-
deau en 1822.

Thibaut, *première chanteuse ; belle figure,*
belle voix. On l'a vue à Fey-
deau.

STRASBOURG.

Théâtre désorganisé, et où, depuis long-
temps, il est difficile de rétablir l'ordre.

M. Jausserand, directeur.

NANTES.

Public difficile, troupe faible, parce qu'il n'y
en a pas une seule complètement forte, même
à Paris ; un directeur, homme d'esprit, connu
dans la littérature par plusieurs productions
agréables, mais qui n'a pas le talent de faire quelque chose de rien. Il monte beaucoup de mélo-

drames, qu'on siffle la plupart du temps, mais qui ne laissent pas que d'attirer du monde et de mettre l'entreprise à peu-près au niveau de ses affaires.

M. L***, directeur.

TROUPES FRANÇAISES

A L'ÉTRANGER.

La plus considérable est celle de Bruxelles. Elle joue au *Théâtre-royal* la tragédie, la comédie, l'opéra et l'opéra-comique. Il y a même un ballet.

Administration.

Commission royale, composée de cinq personnes attachées à la Cour.

Directeur-gérant.

M. Bernard. *Il joue en même temps les rois de la tragédie. Un bel organe une figure noble, une taille élevée et une profonde intelligence sont les qualités qui le distinguent. Il vient, à ce qu'on assure, d'être appelé à la comédie française.*

Les autres sujets remarquables, sont:

MM. Charles-Ricquier, *pour les premiers rôles de la comédie. Acteur très distingué.*

Lemoigne, *Jeune premier ; sujet que l'on doit s'étonner de ne pas voir à Paris.*

Darboville. *Le meilleur chanteur et le meilleur comédien de toute la province. On l'a traité à Lyon, en 1815, comme on fit Gavaudan, à Feydeau, dans le même temps. Bruxelle fut leur asile, à l'un et à l'autre. La reconnaissance paraît y retenir M. Darboville, qui a refusé plusieurs fois de très-riches avantages pour venir à Paris.*

Perceval, *qu'on a vu trois ans à Feydeau.*

Eugène, *basse-taille de l'opéra, le premier acteur de son genre.*

Mmes Clarisse, *soubrette.*

Lemesle, *première chanteuse, excellente comédienne ; très-jolie femme.*

Michelot, *rôles de Mme Gavaudan ; per-*

sonne charmante à qui on vou-
drait voir un peu plus de naturel.

M. Petipa, *danseur vif et gracieux , qu'on a vu au théâtre de la Porte-St.-Martin : il dirige le ballet avec beaucoup de goût et d'intelli-gence.*

Il y a une troupe à *St.-Petersbourg.* Nous n'y connaissons que le nomade Bourdais , que tout Paris connaît aussi bien que nous.

On en compte une autre à Varsovie. Le grand duc Constantin vient , dit-on, de lui donner congé. A l'exception d'Alphonse , qui a joué avec tant d'originalité le rôle d'un jeune étudiant en vacances, dans le *Capitaine Belronde*, aucun acteur de cette troupe n'est digne qu'on le mentionne.

TRAVAUX

DES THÉATRES DE PARIS,

depuis le 1er janvier 1821 jusqu'au 30 novembre de la même année (1).

ACADÉMIE ROYALE DE MUSIQUE.

7 février. Première représentation de *la Mort du Tasse* en trois actes, paroles de MM. Cuvelier et Hélitas ; musique de M. Garcia ; danses de M. Milon. Succès d'estime.

25. M. Moschelès donne un concert, suivi des *Pages du duc de Vendôme*, ballet de M. Aumer. On entend cet artiste avec intérêt. Le 28 janvier, M. Lafont avait également donné à Favart un concert suivi du même ballet, et n'avait pas moins satisfait son auditoire.

30 mars. *Stratonice*, paroles de M. Hoffmann ; musique de Méhul, arrangée par M. Daussoigne. Cet ouvrage était du répertoire de l'Opéra-Comique.

____

(1) Voyez l'avertissement.

3 mai. (A l'occasion du baptême de Mgr. le Duc de Bordeaux) *Blanche de Provence*, en trois actes ; paroles de MM. Théaulon et de Rancé : musique de MM. Berton, Boïeldieu, Cherubini, Kreutzer et Paër.

8 juin. Concert vocal et instrumental, suivi du *Carnaval de Venise*, ballet.

15. *La Fête hongroise*, divertissement en un acte de M. Aumer. Peu de succès. Il faut plus d'espace à un chorégraphe que la salle Favart n'en offrait à l'auteur d'*Antoine et Cléopâtre.*

17 août.(*Pour l'ouverture*) à la nouvelle salle, *les Bayadères* , *le Retour de Zéphire.*

23. *La Vestale.* Début de Mlle Sainville. Succès brillant et mérité.

24. (*Spectacle gratis.*) Chant français : *Vive le Roi ! vive la France !* exécuté par M. Dérivis entre *Aristippe* et le ballet de *Nina.*

29. *Le Rossignol.* Début de Mme Julien. Peu de succès.

31. *Le Jugement de Paris.* Début de M. Barré dans le principal personnage. La légèreté et la grâce du débutant, qui est élève de M. Coulon, ont reçu le plus favorable accueil.

5 septembre. Mlle Leroux reprend ses débuts par le rôle de Laméa dans *les Bayadères.*

M. Gosselin paraît aussi par un pas de deux

qu'il danse avec Mme Anatole dans *les Pages du duc de Vendôme*. Les deux débutans obtiennent les applaudissemens les plus loyalement mérités.

10. *Iphigénie en Tauride*. Début de M. Nourrit fils dans Pylade. Une voix agréable et de très-heureuses dispositions. On regrette seulement que le débutant ait avec tout cela un embonpoint un peu précoce.

5 novembre. Reprise des *Danaïdes*.

7. Reprise de *Clari*.

14. Reprise de *Fernand Cortès*.

18. (*Au bénéfice de Dufresne.*) *Stratonice*, *la Jeunesse d'Henri V*, *Nina*. Chambrée complète. La recette s'est élevée à près de 9000 fr.

21. *Aristippe*. Début de Mme Henri dans Aglaure. La timidité a paralysé les moyens de la débutante. Elle donne toutefois des espérances.

COMÉDIE-FRANÇAISE.

15 janvier. La Comédie-Française célèbre l'anniversaire de la naissance de Molière. Le buste du grand homme est couronné sur le théâtre aux acclamations du public. On donnait *Tartuffe* et *le Malade imaginaire*.

23. Reprise de *M. de Crac*, petite comédie en vers de Collin. Les acteurs ayant supprimé les couplets de la fin qui ne se chantaient plus depuis long-temps, des gens apostés à la seconde représentation les demandèrent à grands cris, et se portèrent à des excès. Le sang-froid et l'esprit que Monrose mit dans les pour-parlers qui s'engagèrent, appaisèrent un orage où il ne paraît pas que le véritable *public* ait été pour rien.

8 février. Reprise des *Deux Figaro*, comédie en cinq actes, en prose, de Martelly. Point de succès.

15. *Le Mari et l'Amant*, comédie en un acte, en prose, de M. Vial; joli ouvrage, fort bien joué par Michelot, Firmin, Monrose; Mmes Dupuis et Demerson. Succès.

23. *Zénobie*, tragédie en cinq actes, par M. Royou. Succès d'estime.

8 mars. *La Femme juge et partie*, comédie en cinq actes de Montfleury, réduite à trois avec quelques corrections dans le style par M. O. Leroy. Le succès a justifié la témérité de l'entreprise.

7 avril. *Le Faux Bonhomme*, comédie en cinq actes, en vers, par M. Alex. Duval; ouvrage où l'on retrouve le talent de l'auteur du

Tyran domestique et de *la Fille d'honneur.*
Du succès.

29. *Les Femmes savantes.* Début de Granville dans Chrysalde. Le débutant réussit ; la
Comédie en fait l'acquisition.

30. *Jeanne d'Albret*, ou *le Berceau*, comédie en un acte, en vers, par MM. Théaulon,
Rochefort et Carmouche. Cette pièce a été
composée à l'occasion du baptême de Mgr. le
duc de Bordeaux ; elle a été fort applaudie.

4 mai. *Coriolan.* M. Thomas débute par le
principal rôle. Succès trop peu décidé, pour que
la Comédie se décide à garder le débutant.

8. *Le Légataire universel.* Stokleit fils débute
par le rôle de Crispin. Le public le traite avec
indulgence, malgré quelques traits qui rappellent
un peu trop le traître de *Calas* et celui de *Thè-
rèse.* Il retourne à l'Ambigu.

27. *Phèdre* et *les Fausses Infidélités.* Début
de M. Lazowski dans Hyppolite et dans Dormilly. Peu d'effet. Le débutant n'est pas reçu.

1er juin. *L'Heureuse Rencontre*, comédie
en trois actes, en vers, par M. Planard. Ouvrage agréablement écrit, très-bien joué par
Mlle Mars et Michelot. Succès.

5. *Tancrède.* Début de M. Meynier. Succès
indécis. Cet acteur est engagé à l'Ambigu.

24. *L'Abbé de l'Épée.* Début de M. Boccage dans St-Alme. De l'ame, de la chaleur; mais une trop grande taille, peu de soin et d'élégance dans la tenue. Le débutant n'a pas été reçu.

4 juillet. *La Mère rivale*, comédie en trois actes, en vers, par M. Casimir Bonjour. C'est le premier ouvrage de l'auteur. Un style élégant, une grande finesse d'observation, en ont décidé le succès. Le nom de Casimir est heureux au théâtre.

3o. *Le Retour*, ou *l'Oncle et le Neveu*, comédie en un acte, en vers, de M. de Rancé. Chute.

17 septembre. Début de Mme Valmonzey dans Hermione d'*Andromaque*. La débutante n'est point reçue.

26. *La Jeune Femme colère*, comédie en un acte, en prose, par M. Étienne. Ce charmant ouvrage, joué d'abord à Louvois, puis transporté à l'Odéon, puis mis en opéra-comique, a enfin trouvé sa place.

1er octobre. *Marino Faliéro*, drame en cinq actes, en vers. Sujet malheureux. Point de succès. L'autorité en a, dit-on, arrêté les représentations. L'auteur a su qu'on attribuait une partie de son ouvrage à l'un de ses confrères. Il a jugé qu'un fardeau partagé était moins pesant;

23*

il n'a rien dit. On se demande s'il aurait gardé le même silence dans le cas où l'ouvrage aurait eu du succès.

17. Reprise des *Deux Gendres*. Ce bel ouvrage, supérieurement joué par Damas et par Michelot, produit encore un grand effet.

29. *Les Plaideurs sans procès*, comédie en trois actes, en vers, par M. ***. Tout le monde a reconnu l'auteur à l'élégante facilité de son style.

13 novembre. (*Au bénéfice de M. Thénard.*) Reprise de *Falkland*, drame en cinq actes, en prose, de M. Laya. Grand succès.

La Fontaine chez Mme *de la Sablière*, comédie en un acte, en vers, de M. Naudet, accueillie favorablement. La représentation a d'ailleurs été embellie par les talens de Martin, de Ponchard, etc., dans *Picaros et Diégo*, et par ceux de Paul, Ferdinand et de Mmes Anatole, Paul et Hullin, dans un divertissement.

Outre M. Thénard, M. Michot s'est retiré, cette année. Cet acteur si naturel, si vrai, a pris cette résolution fâcheuse encore dans la force de l'âge et du talent. On le regrettera long-temps. La représentation à laquelle ses services lui donnaient droit, a eu lieu le 24 février. Michot a joué pour la dernière fois le Bourgeois-Gentil-

homme. La recette a été considérable ; et le bé-
néficier a reçu les marques les plus flatteuses et
les moins équivoques de la bienveillance et des
regrets du public.

OPÉRA-COMIQUE.

2. janvier : *Camille.* La petite Despréaux
joue avec infiniment de grâce et d'intelligence
le rôle d'enfant. Si elle avait eu le bonheur que
ses parens eussent un peu de savoir-faire, elle
eût été sans aucune contestation la *merveille de
Paris ou du siècle.* On l'a vue aussi à la comédie Française dans *Joas* d'Athalie.

4. *Zémire et Azor.* M. Dupont débute par
le rôle d'Azor. Ce jeune homme qui sor-
tait des chœurs de l'Opéra, a une jolie voix ; mais
sa timidité excessive lui a nui. Il n'est pas resté.

24. Reprise de *Joseph*, opéra en trois actes,
de M. Duval, musique de Méhul.

19 février. *Les Caquets,* Comédie, de Mme
Riccoboni, arrangée en Opéra-Comique par
M. Vial, musique de M. Berton fils, Mme Ga-
vaudan et Vizentini y ont été très gais. Succès.

17. Début de Mlle Prévost, par Lucette de *La
Fausse Magie.* La débutante a été engagée.

10 mars. *Jeanne-d'Arc*, en trois actes, par M. Théaulon, musique de M. Caraffa. Beau succès.

29. *Le Maître de Chapelle*, en un acte (ancienne comédie du théâtre de la république), arrangé par Mme Gay. Du succès.

5 avril. *Joseph*, pour le début de Duvernois. Le débutant est accueilli favorablement du public et du comité qui sont rarement du même avis.

10. *Le Jeune Oncle*, en un acte, paroles de M. Fontenille, musique de M. Blangini. Poème et musique un peu pâles. Succès d'estime.

30. (A l'occasion du baptême de Monseigneur le duc de Bordeaux), *Le Panorama de Paris*, opéra-vaudeville, en cinq tableaux, par M. Théaulon. Cet ouvrage a été très applaudi.

14 mai. *Jean de Paris*. Début de Mlle Certain dans Olivier. Succès.

16. *Ma tante Aurore*. Début de Mme Thénard dans la duègne. Le public lui fait le plus favorable accueil. On ne sait si elle sera reçue.

26. Reprise de *Nina*, opéra-comique, de Marsollier, musique de Dalayrac. Du succès, grâce à ce que le souvenir de Mme Dugazon était effacé.

3o juin. Reprise de *La Maison Isolée.*

7 juillet. *Emma* ou *la promesse imprudente,* trois actes, paroles de M. Planard, musique de M. Aubert. Poème très-agréable, musique délicieuse, beaucoup d'ensemble dans la représentation. Succès complet.

3i juillet. *Le Tableau Parlant.* Début de M. Abel, par le rôle de Cassandre.

1er août. *Le Traité nul,* en un acte, paroles de Marsollier, musique de M. Gavaux. Mme Belcour débute par le rôle de Mathurine ; elle y est accueillie favorablement.

16. *Le Philosophe en Voyage,* en trois actes, paroles de M. Dekock, musique de MM. Frédéric Kreubé et Pradher. Sujet un peu usé; mais toujours heureux au théâtre. Succès.

24 (*Spectacle gratis*). Après la première pièce, Huet a chanté un air de M. Alexandre Piccini, sur des couplets patriotiques dont l'auteur n'a point été nommé (1)

11 septembre. *L'Habit retourné,* en un acte, paroles de M. *** Succès fort contesté.

---

(1) Un journal a publié que cet auteur était M. Emile, artiste de la Porte Saint-Martin.

15 octobre. *Le Négociant d'Hambourg*, en trois actes, paroles de M. Vial, musique de M. Kreutzer. Succès d'estime.

27. Léonore et Félix, un acte ; paroles de feu St. Marcellin, musique de M. Benoit. Sujet usé ; applaudissemens de complaisance.

Le public a été menacé cette année de perdre Martin. La représentation de retraite de cet admirable chanteur a été donnée le 24 mars. Talma s'y est montré dans Mithridate, et Mlle Mars dans la jeune femme colère.

Martin n'a pas fait comme son ancien camarade, M. Elleviou, qu'on regrette et qu'on regrettera encore long-temps ; il a cédé aux vœux des nombreux admirateurs de son talent, il est resté. Cela n'a pas fait l'affaire de quelques-uns de ses co-sociétaires, dont l'amour-propre craint la comparaison ; mais le public en a été très-satisfait, et c'est probablement au public que Martin voulait plaire d'abord.

OPÉRA-BUFFA.

5 avril. *La Pietra del Paragone*, en un acte. Rossini.

14. Rentrée de Mme Mainvielle-Fodor, après une longue et grave indisposition, par Rosine du *Barbier de Séville.*

10 mai. *Le Cantatrici villane.* Début de Mme Rossi.

5 juin. *Otello*, Opera-Séria, en trois actes, Zingarelli.

18 septembre. (A la salle de l'Opéra, au bénéfice de Mme Mainvielle) , *La Gazza Ladra*, *de Rossini.*

Mlle Mars joua la jeune femme colère. La recette s'éleva à plus de 20,000 francs.

27 octobre. *L'Italiana in Algeri*, Opéra-Buffa , en deux actes , Rossini.

SECOND THÉATRE FRANÇAIS.

28 février. *Baudouin*, tragédie en cinq actes, par M***, chûte.

1 mars. Le *Voyage à Dieppe*, comédie en trois actes, en prose, par MM. Wafflard et Fulgence ; ouvrage qui annonce beaucoup de talens. Grand succès.

15. *Andromaque*, pour le début de Mlle Gros.

Cette actrice est accueillie du public avec une

bienveillance à laquelle son talent lui donnait droit de prétendre.

27. *Frédégonde et Brunehaut*, tragédie en cinq actes, par M. Lemercier; très-beau succès, et justement accordé à de beaux vers pleins de grandes et fortes pensées ; à des caractères vrais et savamment dessinés ; à un sujet profondément tragique, traité dans plusieurs scènes avec tout le talent dont l'auteur d'Agamemnon a donné tant de preuves.

11 avril. *Tartuffe*. Mlle Fitzelier débute par le rôle de Dorine ; elle est accueillie avec indulgence.

27. *Tartuffe*. Rentrée de Mlle Délia, après une longue et grave indisposition. Le public a revu avec plaisir une actrice qui, dans plus d'un rôle, lui a rappelé Mlle Contat.

3o. (A l'occasion du Baptême de Mgr. le duc de Bordeaux) l'*Hôtel des invalides, ou la députation*, comédie en un acte, en prose, par M. Dubois. Cette pièce a obtenu beaucoup d'applaudissemens.

3 mai. *La Partie de chasse d'Henri IV*. Joanni paraît pour la première fois dans la comédie où il ne se montre pas moins habile que dans le genre tragique.

9. Le *Philinte de Molière*, comédie en cinq

actes, en vers, de Fabre d'Eglantine. Périer débute par le rôle d'Alceste. Le public l'a revu avec plaisir.

15. Le *Présent du Prince*, comédie en trois actes, par MM. de Comberousse et Daubigni. Ouvrage très-agréable, composé comme la *Fille d'honneur* et l'*Espoir de la faveur*, sur la donnée de l'orange de Malte, de Fabre d'Eglantine. Succès complet.

16 juin. *Oreste*, tragédie en cinq actes, par M. Mély–Jeanin. Sujet rebattu ; un auditoire malveillant. Chûte.

6 juillet. reprise de l'*Homme singulier*, de Destouches. Pièce froide, que le public accueille froidement. Perrier et Samson y ont fort bien joué.

28. Reprise du *Valet d'emprunt*, comédie en un acte, en prose, de MM. Désaugiers et Dumersan.

4 août. *Louis IX*, tragédie en cinq actes, de M. Lemercier. Sujet un peu composé ; de belles scènes, beaucoup de poésie dans le style ; succès très-honorable.

24 août. La *Fête de Henri IV*, comédie en un acte, en vers, de M. de Rougemont. Cet

ouvrage a été transporté du premier théâtre Français, au second , à l'occasion de la fête du Roi ; il a été fort applaudi.

8 septembre. *Cinna.* Début de Mlle Cornélie-Beaumont , élève de M. Joanni. Cette jeune personne paraissait pour la première fois en public ; la timidité a nui aux développemens de ses moyens.

15. *Jean-sans-peur,* tragédie en cinq actes par M. Liadières. Les traditions et les convenances historiques un peu blessées ; mais du patriotisme et de beaux vers. Succès d'estime.

20. Reprise du *Mari intrigué ,* comédie en trois actes , en vers, de M. Désaugiers.

23. *Tartuffe.* M. Georges débute par le principal rôle. Acteur décent ; peu de succès ; point admis.

1er octobre. *Iphigénie en Aulide.* Début de Mlle Georges-Weimer. Succès éclatant, et mérité à beaucoup d'égards.

15. La *Fausse modestie,* comédie en trois actes , en prose, par M. Leroy. Peinture fidèle et pleine d'esprit de certains personnages fort communs au temps où nous vivons. Succès très-honorable. La pièce s'appèle aujourd'hui les *deux Candidats.*

20. *Iphigénie en Aulide,* et l'*Epreuve nou-*

velle. Début de Mlle Georges cadette dans Iphigénie et dans Angélique. La débutante est jugée avec rigueur dans la tragédie, avec indulgence dans la comédie. Elle est obligée, ainsi que sa sœur, de paraître après la représentation. Rien ne saurait peindre l'enthousiasme qui saisit le public quand la pièce fut finie.

24. La *Femme jalouse.* Début de M. Hippolyte Doligny, par le rôle de Daranville.

20 novembre. *Médée*, tragédie de Longepierre. Cette pièce, remise au théâtre par Mlle Georges, n'a obtenu que peu d'applaudissemens.

VAUDEVILLE.

1er Janvier : *les Étrennes du Vaudeville*, en un acte ; par MM. Désaugiers, Gentil, et Francis.

14. Reprise de *Fanchon la vielleuse*, vaudeville en trois actes de MM. Pain et Bouilly.

17. *Frontin mari garçon*, en un acte. MM. Scribe et Mélesville. Gontier avait dû jouer dans cette pièce ; mais il quitta le Vaudeville où il était engagé pour prendre parti au Gymnase

qui lui offrait de plus grands avantages ; *Frontin mari garçon* fut retardé. Julien se chargea du rôle de Gontier et la pièce n'en alla pas moins bien.

3 Février. *Mon oncle César*, un acte. Succès contesté. Les auteurs ont gardé l'anonime.

13 : *La Solliciteuse*, un acte. Du succès. Les auteurs ont gardé l'anonime.

24. *Le Permesse gelé*, un acte ; par MM Théaulon, Dartois et Gersin. Beaucoup d'épigrammes. Du succès.

7 Mars. *Gaspard l'Avisé*, pour le début de M. Victor que le public accueille avec indulgence.

13. *Le Château de Bécherel*, en un acte ; par MM.***. Succès contesté.

24. *Le Capitaine d'Artimon, ou le mariage à coups de sabre*, en un acte ; par MM.***. Le public a reçu l'ouvrage à coups de sifflets.

6 Avril. *La Créancière*, en un acte. Les auteurs ont gardé l'anonîme quoique leur ouvrage ait été reçu avec bienveillance.

14. *Le Roût* ou *la nuit anglo-parisienne*, en un acte ; MM.***. De l'esprit et de la malice. Du succès.

28. Reprise de *Nice*, parodie de Stratonice. Cette pièce est de feu Ségur jeune. Tant qu'un grand seigneur est vivant, il est rare que ses

ouvrages tombent ; mais après lui , il faut les laisser en repos.

3o. A l'occasion du baptême de S. A. R. Monseigneur le Duc de Bordeaux : *Le Baptême de village* , en un, acte ; par MM. Désaugiers et Gentil. On a beaucoup applaudi cet ouvrage.

21 Mai. *L'île de Barataria* , en un acte ; par MM.****. Point de succès.

29. *Un jour à Rome, ou le jeune homme en loterie*, en un acte ; par MM. ***. Succès mérité.

6 Juin. *Le Comte Ory*. Début de M. Amédée. Succès.

14. *La Demande en grâce*, en un acte , par MM. Eugène et Gabriel. Succès.

20. *Le Château de mon oncle*. Début de Mlle Huby.

25. *Jodelle*, en un acte ; par MM. Hubert et Décour. De la grace dans le détails , de jolis couplets rimés avec le plus grand soin ont décidé le succès de cet ouvrage.

12 Juillet. *Une Promenade à Vaucluse*, en un acte , par ***. Succès faible.

14 Juillet. *Une Visite à Bedlam*. Début de M. Prudent. Cet acteur a été jugé par plusieurs

journaux sur ses opinions politiques présumées et non sur la manière dont il a joué son rôle. Ce n'était pourtant pas là *la question.*

24. *La Nina de la rue Vivienne*, vaudeville parodie en un acte; par MM. Dartois, Francis et Gabriel. Succès.

28. *Le Nouveau Pourceaugnac.* Début de M. Gobert. Cet acteur obtenait des succès à l'Ambigu-Comique. Il est resté au Vaudeville. L'administration l'avait engagé avant ses débuts.

31. *Les Comédiens ou la répétition de Psyché*, en un acte ; par MM.***. succès légèrement contesté.

16 Août. *Le Traité de paix*, en un acte par MM. Achille, Dartois et Brisset. Sujet emprunté à M. Hoffmann. Réussite complète.

1er Septembre. *La Solitaire* ou *le morceau d'ensemble*, en un acte, par MM. Découcy, Carmouche et ***.

22. *Les Déesses à l'enchere*, revue en un acte. Succès. Pitrot que le Vaudeville a enlevé au Gymnase, comme celui-ci lui avait enlevé Gontier, vient annoncer que la pièce est de M. Théaulon qui, dit-il, desire garder l'anonyme.

8 Octobre. *La Petite Provence*, tableau-bourgeois-vaudeville en un acte; par M. Désaugiers.

De la gaîté, mais des longueurs et des redites. Succès douteux.

22. *Le Concert d'amateurs*, en un acte, par MM. Brazier et Dubois. Dialogue spirituel. Succès.

31. *Haîne aux femmes*. Début de Mme Clozel par Mme de Ronsberg.

3 Novembre. *Pierre, Paul et Jean*, en un acte; MM. Ourry et Sewrin. Ouvrage charmant. Succès complet.

19. *Le Panorama d'Athenes*, en un acte. par MM. ***. Des épigrammes que le public n'a pas toujours approuvées, ont compromis un instant le succès de cet ouvrage.

24. *Le Comédien de Bruxelles*, en un acte ; par M. Lafortelle. Ouvrage agréable et qui a obtenu du succès.

~~~~~~

GYMNASE.

2 janvier. *La première entrevue*, petite comédie en prose, qu'on avait vue à la Gaîté, sous le titre de *la Veille des noces*. M. Mélesville.

10. *Le Secrétaire et le cuisinier*, vaudeville en un acte. MM. Scribe et Mélesville ; ouvrage charmant ; grand succès.
~~~~~~

15. Le Gymnase, à titre de succursale de la comédie Française, célèbre l'anniversaire de la naissance de Molière, par l'addition d'une scène charmante à sa pièce d'ouverture. Cette scène est de M. Moreau. Perlet y joua un rôle d'Anglais avec beaucoup d'originalité.

13. Reprise du *Cousin de tout le monde*, comédie en un acte, en prose de M. Picard.

17. Le *Charlatan*, vaudeville en un acte, par MM. Moreau et Sewrin. Un dialogue spirituel, de jolis couplets, ont assuré le succès de cet ouvrage, qui né doit rien aux acteurs en vogue.

29. *Le Colonel*, vaudeville en un acte. MM. Scribe et Delavigne. Jolis couplets, un dialogue fin et spirituel ont plaidé victorieusement pour l'invraisemblance du fond ; grand succès.

20 février. *Les Projets de sagesse*, opéra-comique en un acte, de MM. Mélesville et Maresse. On avait vu cette pièce à la Gaîté, sous le titre des *Deux secrets*.

1 mars. M. Sensible, vaudeville en un acte, par MM*** ; peu de succès, malgré le talent de Sarthé.

10. *Le Gastronome sans argent*, vaudeville en un acte, par MM*** ; grand succès.

17. *Le Jeune homme en loterie*, comédie

en un acte, en prose, par M. Alex. Duval. Succès.

10 avril. *La Française*, opéra-comique en un acte, paroles de M**, musique de M. Chàmpein fils ; chûte. Pourquoi l'auteur n'en a-t-il pas fait un vaudeville ?

25. *Le Parrain*, comédie en un acte, par MM. Scribe, Delestre et Mélesville, ouvrage plein d'esprit, et qui a obtenu un brillant succès.

27. *Le Ménage de garçon*, ou l'*Etudiant en droit*, vaudeville en un acte ; succès contesté.

30. A l'occasion de baptême de Mgr. le duc de Bordeaux, *le Château de Chambord*, vaudeville en un acte, par MM. Ménissier et Martin. L'ouvrage a été fort applaudi.

16 mai. *La Meûnière*, opéra-comique en un acte, paroles de MM. Scribe et Mélesville ; musique de M. Garcia. On voit pour la première fois, Pitrot et Mlle Lalande. Acteurs, auteurs, tout est applaudi et non sans raison. Cependant à la troisième représentation, une cabale entreprend de faire tomber la pièce et n'y réussit pas. Nouvel avis aux auteurs du Gymnase de faire des vaudevilles de préférence à tout.

29. *Les deux capitaines*, vaudeville en un acte, de MM. Eugène et Victor.

4 juin. *Frosine* ou *la dernière venue*, vaudeville en un acte, de M. Radet ; *la Petite sœur*,

comédie en un acte, en prose, de Mlle Léontine Fay, qui commence ses représentations au
Gymnase, par ces deux ouvrages.

6. *Les Deux balcons*, ou *la vengeance des
femmes*, comédie en un acte, par ***; chûte
décidée.

20. *Le Grand-père*, opéra-comique en un
acte, de MM. Favières fils et Jadin.

23. *Le Comédien d'Etampes*, vaudeville en
un acte, par MM. Moreau et Sewrin. Le public s'étant apperçu, à un colloque qui s'établit
entre l'orchestre et Perlet, que celui-ci voulait
passer un air, le demanda; Perlet s'obstina à ne le
point chanter, et quitta la scène, laissant la pièce
à la moitié de la représentation. On rendit l'argent au public, qui, après beaucoup de tumulte,
s'en alla mécontent. On mit Perlet en prison.
Trois jours après, on lui rendit la liberté, et il
reparut sur le théâtre. Le public de ce jour-là,
qui assurément n'était pas celui auquel Perlet
avait manqué, et qui, en bonne justice, n'avait
pas autre chose à lui demander, que la représentation fidèle du rôle pour lequel il était affi-
ché; le public exigea que Perlet lui fit des excuses. Perlet essaya d'entrer en pour-parler; on ne
voulut pas l'entendre; on lui criait de toutes
parts de se mettre à genoux et de demander

èxcuse; il se trouva mal. Ses camarades l'emportèrent; il se remit; on vint réclamer pour lui un peu d'indulgence, et il se présenta pour la seconde fois. Même tumulte, nouvelle défaillance de l'acteur. Il s'approche des rampes; fait signe qu'il désire parler; et d'une voix faible, à laquelle on prête le plus grand silence, il déclare qu'il n'a pas eu l'intention de manquer au public. Les cris : à genoux, des excuses! l'interrompent de nouveau; il se redresse alors, regarde fièrement le parterre, et d'une voix ferme et très-nettement articulée; « Messieurs, dit-il, j'ai eu deux fois l'honneur de vous déclarer que je n'avais pas eu intention de manquer au public; je vous le répète pour la troisième fois, en ajoutant que dès ce moment, je cesse d'être comédien. » Là-dessus, il se retira, laissant quelques billets donnés, dans l'espérance qu'on allait encore rendre l'argent; mais il ne tarda pas à reparaître; il dit qu'il était fâché de ce qui était arrivé; on l'applaudit, et il continua son rôle; c'était le parrain. Le surlendemain, il reparut dans le *Comédien d'Etampes*, chanta d'une façon très-originale, l'air qu'il avait voulu passer, et fut couvert d'applaudissemens. Pour la pièce, elle obtint un succès prodigieux, et cela devait être.

12. Juillet. *Alexis* ou *l'erreur d'un bon pere.* M. Fay a joué dans cette pièce avec la petite merveille du siècle ; Mlle Léontine-Fay , sa fille.

26. *Un jeu de Bourse*, ou *la bascule*, comédie en un acte, en prose, par MM. Wafflard, Picard et Fulgence. Cette pièce n'a obtenu qu'un succès d'estime. C'est le sort de la comédie au Gymnase, et celui de la *Bascule* au temps ou nous vivons.

1 août. *La Vente apres déces*, opéra-comique, en un acte. Succès médiocre ; on est venu annoncer M. Etienne après la représentation. La même pièce avait été donnée, jadis, aux Troubadours , sous le titre de *Rembrandt* ; elle avait eu beaucoup de succès, et MM. Servières, Moras et Morel, s'en étaient déclarés auteurs conjointement avec M. Etienne. Il ne fallait donc pas nommer celui-ci tout seul ; d'autant qu'à l'époque de cette représentation, il était à la campagne.

16. *Le Mariage enfantin*, vaudeville en un acte ; pièce empruntée à Favart, pour le fond ; des détails charmans ; tout le talent de M. Scribe; succès brillant et mérité.

24. *M. Courtois*, ou *la St.-Louis* , pièce en

un acte , à l'occasion de la fête du Roi , par M. Dupuis. Cet ouvrage a été fort applaudi.

5 septembre. *Le Colonel* et *Caroline*. Mlle Fleuriet débute dans les deux pièces.

14. *Le Trésor supposé*, opéra-comique de M. Hoffmann ; succès que le temps a consacré.

20. *Les petites miseres de la vie humaine*, vaudeville en un acte ; point de succès ; retiré le lendemain par les auteurs.

22. *L'Amant bossu*, vaudeville en un acte, par M. de Vandières. De la gaîté ; succès.

17 novembre. *Les deux Etudians*, comédie en un acte, en vers, par MM. Amédée et Jouslin Delasalle ; l'un des ouvrages les mieux écrits de ce théâtre ; succès remarquable.

23. *L'Artiste*, vaudeville en un acte , par M. Perlet. M. Perlet, dans cet ouvrage, a tourné en ridicule plusieurs acteurs de la comédie française ; et , notamment, Baptiste aîné, l'un de nos comédiens les plus distingués , et le bienfaiteur de M. Perlet.

<p style="text-align:center">~~~~~~</p>

VARIÉTÉS.

6 janvier. *Le Páris de Suréne*, vaudeville en un acte. M. Gabriel. Succès.

1er février. *L'Intérieur d'une Étude*, vaudeville en un acte. MM. Scribe et Dupin. De l'esprit, des scènes de comédie, des épigrammes en abondance. Grand succès.

22. *Garrick*, vaudeville en un acte. Le public a traité cet ouvrage avec une rigueur excessive : ses jolis couplets et l'esprit de son dialogue n'ont été goûtés qu'après la première représentation. Les auteurs ont gardé l'anonyme.

14 mars. *Les Deux Anneaux*, vaudeville en un acte ; par M. ***. Succès contesté.

20. *M. Ragot*, comédie en un acte; par M.***. Point de succès.

27. *Les Voleurs supposés*, vaudeville en un acte. M. Lafontaine. Succès.

30. *La Marchande de Goujons*, vaudeville poissard en un acte, par MM. Francis et Armand. Une des pièces les plus gaies du théâtre des Variétés. Succès brillant.

30 avril. A l'occasion du baptême de Mgr. le duc de Bordeaux; *le Garde-Chasse de Chambord*, vaudeville en un acte, par MM. de Rougemont et Brazier. L'ouvrage a été justement applaudi.

7 mai. *La Campagne*, vaudeville en un acte, par ***. Point de succès.

24. *M. Lerond*, comédie de feu Dorvigny,

mise en vaudeville; par MM. Francis et Gabriel. Succès.

6 juin. *L'Auberge du Grand Frédéric*, vaudeville en un acte, par M. Lafontaine. Beaucoup de gaîté et de bon esprit; le personnage de Voltaire représenté par Lepeintre avec un admirable talent. Grand succès.

27. *La Femme peureuse*, vaudeville en un acte, par MM. Achille et Ferdinand : ouvrage jugé trop sévèrement par le public.

9 juillet. *Angéline*. Mlle Madinié débute.

19. *Le Valet de Ferme*, vaudeville en un acte, par MM. Brazier et Dumersan. Succès.

8 août. *Le Nouveau Cassandre*, vaudeville en un acte, par MM. ***. Point de succès.

18. *Les Joueurs*, ou *la Hausse et la Baisse*, vaudeville en un acte, de MM. Moreau et Sewrin. De charmans couplets ont assuré le succès de cet ouvrage.

24. *Le Roi de Village*, pièce en un acte, de MM. Ancelot et Carmouche. Cet ouvrage, représenté à l'occasion de la fête du Roi, a été fort applaudi.

1er septembre. *Les Moissonneurs de la Beauce*, vaudeville en un acte de MM. Brazier, Dumersan et Francis. De l'esprit et de la chaleur dans le dialogue, des couplets éminemment patriotiques ont mérité à cet ouvrage un succès d'enthousiasme.

Le   octobre. *Le Dîner d'emprunt*, vaudeville en un acte, de MM. Hubert et ***, ouvrage jugé rigoureusement. Le même sujet avait eu un meilleur sort à la Gaîté.

10 novembre. *Les Deux Sœurs*, vaudeville en un acte, par ***; ouvrage composé pour faire débuter Mlle Jenny–Vertpré par un rôle où elle n'eût aucune comparaison à redouter. Le public est souvent plus indulgent aux Variétés.

PORTE-SAINT-MARTIN.

16 janvier. *M. Duguignon*, vaudeville en un acte. Point de succès. Les auteurs ont gardé l'anonyme.

25. *Isabelle de Lewanzo*, mélodrame en trois actes, que le public a bien accueilli. MM. ***.

6 février. *La Servante justifiée*, vaudeville en un acte. MM. Jouslin Delasalle et Carmouche, ouvrage très-agréable, et qui a obtenu beaucoup de succès.

14. *Dugratin*, parodie-vaudeville en un acte. Point de succès.

27. *Riquet à la Houpe*, vaudeville-féerie en

un acte, par MM. Brazier et Sewrin. Succès qui a ramené la foule à la Porte-Saint-Martin.

10 avril. *Les Deux Veuves*, vaudeville en un acte. MM. Jouslin - Delasalle et Aubertin. Succès.

3o. A l'occasion du baptême de Mgr. le duc de Bordeaux; *les Suites d'un Bienfait*, vaudeville en un acte, par MM. Ménissier, Aubertin et Martin. On a beaucoup applaudi cet ouvrage.

5 mai. *Le Mandarin Hoang-Pouff*, folie de MM. Caigniez et Louis. Succès contesté à la première représentation; mais qui, dans les suivantes, s'est relevé au grand contentement des auteurs et de l'administration.

18. Représentation extraordinaire au bénéfice des indigens du 5ᵉ arrondissement; *le Tailleur de Jean-Jacques*, *Riquet à la Houpe* et le ballet d'*Annette et Lubin*, ou Paul et Mˡˡᵉ Fanny Bias ne dédaignent pas de paraître. MM. Vogt et Habeneck aîné se font entendre à l'orchestre.

24. *Le Blocus*, vaudeville en un acte, par M. Mélesville. On avait vu cet ouvrage en comédie à l'Odéon, sous le titre de *la Petite Guerre*.

3o. *Le Petit Candide*, comédie en un acte, de

M. Sewrin, joué, il y a quelques années, aux Variétés. On y voit, pour la première fois, Leppel. L'acteur et la pièce sont fort bien accueillis.

2 juin. *Les Mogols*, mélodrame en trois actes, de MM. ***. A la seconde représentation, les auteurs appelèrent leur pièce *l'Héroïsme de la Générosité*, ils auraient pu l'appeler avec tout autant de raison *la Générosité de l'Héroïsme*, le public n'y fût pas moins venu.

12. *Le Fort de la Halle*, vaudeville en un acte. De la gaîté; du succès. Les auteurs ont gardé l'anonyme.

12 juillet. *Le Solitaire*, mélodrame en trois actes, par MM. Crosnier et St-Hilaire. *L'heureux de la vie* et le *privilégié du bonheur* (comme dit le héros de la pièce en parlant de lui-même) a obtenu un brillant succès.

25. *Les Ermites*, vaudeville en un acte, par MM. Edmond et Després. Des couplets charmans sur des airs choisis avec beaucoup de goût; un dialogue plein d'esprit et de gaîté. Succès complet.

7 août. *Brelan de Bossus*, vaudeville en un acte, par MM. ***; ouvrage faible; public sévère. Point de succès.

20 *La Fille soldat*: début de Mlle Chéza.

Un journal a reproché à la débutante d'avoir (dans la seconde partie de son rôle) plutôt fait voir *un homme passionné* qu'une jeune fille égarée, etc. Que Mlle Chéza y prenne garde, il va mal aux femmes de *se passionner* à la manière des hommes.

24. *Les deux Adjoints*, vaudeville en un acte, à l'occasion de la fête du Roi. L'auteur n'a point été demandé, mais l'ouvrage a été fort applaudi.

1er Septembre. *Jacques ou la fatale révélation*, mélodrame en trois actes ; par MM. Boirie et Léopold, musique de M. Alexandre, ballet de M. Blache. Peu de mouvement, peu d'intérêt, peu de succès.

25. *L'amour au village*, ballet-villageois en un acte, de M. Blache. Ouvrage plein de grâce et de fraicheur.

20. *Les deux Portraits*, comédie en un acte, en prose ; par M. ***. Du succès.

24. Représentation au bénéfice d'un homme de lettres. *Le Mariage enfantin, il Matrimonio secreto, Jean et Geneviève* et un *divertissement.* MM. Barilli, Pellegrini, Bordogni, Paul, Vogt, Maza, et Mmes Mainvielle, Paul, Régnault et Léontine – Fay ont concouru à cette bonne œuvre.

6 Octobre. *l'Ogresse*, ancienne pièce des Variétés que le talent de Potier ne peut soutenir.

24 *Les Français en cantonnement*, vaudeville en un acte par M. Montigni. Succès.

30. *Le Code et l'Amour*, vaudeville en un acte, par M. Simonin.

7 Novembre. *Le Doge de Venise*, mélodrame en trois actes, par M. ***. Même succès que *Marino Faliero* aux Français.

14. *L'Épicurien malgré lui*, vaudeville en un acte, par M. Constant.

21. *Les Paratonnères*, comédie en un acte, en prose, par MM. Boirie et Daubigny. Jugée sévèrement le premier jour, la pièce a repris faveur aux représentations suivantes.

28. *La Barbe de Neptune*, *ou les Courtisans*, vaudeville en un acte, par MM. Dupin et Sauvage. Succès.

~~~~~~

GAITÉ.

27 Janvier. *Les Trébuchets*, vaudeville en un acte ; succès ; M. ***.

10 Février *La Prise de Milan*, mélodrame en trois actes ; MM. Cuvelier et Léopold ; mu-
~~~~~~

sique de M. Alexandre , ballet de M. Leblanc.

24 Mars. *L'amant intrigué* , comédie en un acte ; M. *** ; peu de succès.

30 avril A l'occasion du baptême de Mgr. le duc de Bordeaux , *les deux Baptêmes* , vaudeville en un acte , par M. Dubois. Cet ouvrage a été très-applaudi.

3 Mai , *La Sorciere* , ou *Gui-Mannering* , mélodrame en trois actes , par *** , musique de M. Alexandre , ballets de M. Leblanc.

5 Juin , *Les Corsaires pour rire* , vaudeville en un acte , par M. Charles. Succès équivoque.

21 , *La fete de Jean-Bart* , vaudeville en un acte , par *** de la Gaîté ; du succès.

12 Juillet , *Mont-Sauvage* , mélodrame en trois actes , par M. Guilbert de Pixérécourt , tiré du Solitaire de M. d'Arlincourt. De l'intérêt , une attention dont il faut féliciter l'auteur , à éviter l'amphigouri romantique ; une admirable décoration de M. Gay ; succès *pyramidal*.

16 Août , *Les Epoux de quinze ans* , vaudeville en un acte , emprunté à Favart par M. Paul ; succès. Cependant on jouait le même jour , sur un autre théâtre , un ouvrage du même auteur qui le recommande beaucoup plus honorablement.

24 , (Spectacle gratis.) *La fête du Fermier* ,

vaudeville en un acte , de M. Brazier. Cet ouvrage a été très applaudi.

27 Septembre , *La partie fine ,* vaudeville en
un acte de M. Charles. Charmant ouvrage qui
a obtenu le succès le mieux mérité.

20 Octobre , *L'Armure ,* mélodrame en trois
actes , par MM. Cuvelier et Léopold ; peu d'intérêt ; peu de succès.

13 Novembre , *Le Fruit défendu ,* vaudeville
en un acte , par M. Isidore ; joli ouvrage qui a
obtenu beaucoup de succès.

AMBIGU-COMIQUE.

1 Février , *Le Deuil ,* comédie de Hautero-
che à laquelle on a ajouté des couplets assez bien
tournés ; succès.

1 Mars , *Le Favori du Grand Turc ,* ou *Jas-
min rival de son maître ,* vaudeville en un acte,
par +++ ; succès.

22 , *La Famille Irlandaise ,* mélodrame en
trois actes , par M. Théodore ; point d'imagination, peu de succès.

30 avril , à l'occasion du baptème de Mgr. le

Duc de Bordeaux, *le Baptéme*, ou *la double Fête*, vaudeville en un acte, par MM. Coupart et Warez; la pièce a été fort applaudie.

8 Mai, *Anne de Boulen*, mélodrame en trois actes de MM. Amédée et Frédéric; musique de M. Quaisain. Peu de succès.

24 Juillet, *Frédéric, duc de Nevers*, mélodrame en trois actes, par M. Mardel.

11 Août, *Maria* ou *La Suédoise*, mélodrame en trois actes, par M. Victor Ducange, succès contesté.

1 Septembre (au bénéfice de M. Quaisain, chef d'orchestre), *le comédien d'Etampes*; vaudeville du Gymnase dans lequel *M. Perlet* paraît, MM. Dacosta, Dossion et Corentin-Habeneck prêtent aussi à cette représentation l'appui de leur talent et de leur nom. Chambrée complette.

27 septembre. *La Bouquetiere de Florence*, mélodrame en trois actes, de M. Leblanc. Peu de succès.

27 octobre. *André*, pièce en un acte,, par M. Caigniez, petit mélodrame. Succès contesté.

CIRQUE OLYMPIQUE.

10 janvier. *Les deux Anglais au manége*, scène d'équitation dont le public s'est beaucoup diverti.

17. *Le Soldat Fermier*, mimodrame en un acte, de MM. Ponet et Franconi jeune, sujet patriotique auquel le public a fait le plus favorable accueil.

19 février. *L'attaque du Convoi*, mimodrame en trois actes, par M. Franconi fils. L'une des pièces qui attirent le plus de monde au Cirque-Olympique.

30 avril. A l'occasion du baptême de Mgr. le duc de Bordeaux ; le *Berceau* ou *les trois âges*, mimodrame de MM. Franconi jeune et Cuvélier. Cet ouvrage a été très applaudi.

11 octobre. Rentrée de la troupe, qui avait été passer trois mois en province.

26. *La Bataille de Bouvines*, mimodrame à grand spectacle, par MM. Charles et Auguste. Il a fallu batailler pour faire réussir la pièce.

PANORAMA-DRAMATIQUE.

14 avril. (Pour l'ouverture) M. Boulevard, prologue en un acte, mêlé de couplets, par MM. ***.

Ismaïl et Maryam, Pièce à spectacle, en trois actes.

Un rideau de glace, de belles décorations tout a complettement réussi.

30. A l'occasion du Baptême de Monseigneur le duc de Bordeaux, *Les Faubouriens de Paris*, vaudeville en un acte, par MM. Duperche et ***. Cet ouvrage a été fort applaudi.

22 mai. *Une nuit à Séville*, vaudeville en un acte, par M. Théodore.

5 juin. *Le Petit Georges*, vaudeville en un acte, par MM. ***. Point de succès.

26. *La Prise de Corps*, vaudeville en un acte, par MM. ***.

3. juillet. *Sidonie*, mélodrame, en trois actes, par MM. Cuvellier et Léopold. Une belle décoration de M. Allaux a décidé le succès de cette pièce.

14 août. *Le Savetier de la rue Charlot*, comédie en un acte, par M. ***. De l'esprit dans le dialogue. Succès.

24. (Spectacle gratis). *La fête du Village*, vaudeville en un acte, par MM. Charles et Ferdinand. Cette pièce a été fort applaudie.

14 septembre. *Ogier le Danois*, ou *le Temple de la Mort*, mélodrame en trois actes de MM. Cuvelier et Léopold. Une belle décoration de M. Allaux. Grand succès.

13 octobre. *Les cinq Cousins*, vaudeville en un acte, par *** : de la gaîté, de jolis couplets. Succès mérité.

30. *Le Délateur par vertu*, mélodrame en trois actes, par MM. ***. Sujet où Blin de Sainmore avait échoué, ce qui serait un faible titre de gloire pour les auteurs, qui en ont d'autres à revendiquer.

8 novembre. *Le Marchand de peaux de Lapins*, comédie en un acte, par MM. ***. Cet ouvrage a été traité sévèrement à la première représentation; mais il s'est relevé aux suivantes. On le voit maintenant avec plaisir.

25. *Rosalba d'Arandès*, mélodrame en trois actes, par ***. Une belle décoration de M. Allaux a empêché la chûte de cette pièce.

ÉCOLE ROYALE

DE MUSIQUE ET DE DÉCLAMATION.

Aux concours qui ont eu lieu entre les élèves pour les prix de musique vocale et de déclamation tragique et comique, sous la présidence de M. le baron de Laferté, il n'a point été décerné de premier prix. Le second prix de chant a été obtenu par M. Blaise, et celui de déclamation tragique a été partagé entre M. Dubois et Mlle Simonnin.

Le prix de déclamation comique a été partagé de même entre Mlle Cynthie et Broand, et le second entre Mlle Simonnin et M. Villeneuve. M. Émile a obtenu l'accessit.

Au concours des instrumens à vents, M. Girold seul s'est présenté pour le basson. Le talent dont il a fait preuve a déterminé le jury à lui accorder un premier prix.

Trois élèves se sont disputé le prix de cor. M. Gallay a obtenu le premier ; M. Rousseau le second.

La classe de hautbois n'a obtenu qu'un second prix : c'est à M. Brod qu'il a été décerné. M. Moreau a eu l'accessit.

M. Leplanquet a obtenu le prix de flûte par acclamation.

Six concurrens ont été entendus pour le violoncelle. Le jury n'a point accordé de prix. Un accessit a été partagé entre MM. Mercadier et Maré, jeunes élèves qui donnent des espérances.

Sept concurrens se sont présentés pour le violon. Le jury a été embarrassé de prononcer entre MM. Tolbèque et Battu. Le scrutin a passé trois fois. Enfin M. Tolbèque l'a emporté. Le secrétaire a adressé des paroles de consolation et des éloges tres-flatteurs à M. Battu; et nous espérons qu'un échec aussi peu décidé ne le découragera pas. Le second prix a été accordé en partage à MM. Gras et Halma.

M. Crépin a remporté le premier prix de clarinette, et M. Hugot le second.

Le premier prix de vocalisation a été accordé à Mlle Rocapland, le second à M. Thénard, jeune *soprano*; Mlle Buffardin a obtenu un accessit.

Mlle Maillard a chanté avec une assurance et une méthode qui lui on mérité le premier prix de chant ; Mlle Buffardin a obtenu le second, et Mlle Frémont un accessit.

M#lle# Henri et M. Gustave Blès ont joué deux scènes d'opéra. Un second prix a été partagé entre eux.

NÉCROLOGIE.

La mort a frappé cette année la célèbre M#me# Dugazon. Il n'est personne qui ne sache, au moins par tradition, que cette actrice était douée des plus brillantes qualités qu'on puisse apporter au théâtre. A son beau talent elle joignait encore une belle âme et un cœur excellent. Le jour de sa mort, son fils, M. Gustave Dugazon, qu'elle aimait beaucoup, trouva dans son secrétaire, l'écrit suivant :

Dernier trait de tendresse à ses derniers momens.

« Je défends à mon fils d'accompagner et de
» suivre mon convoi, au risque d'encourir ma
» malédiction dont je l'accable du fond de mon
» tombeau, s'il ose manquer à la prière que je
» lui fais, et à l'ordre que je lui donne.

Ce , etc. »

Elle voulait épargner à l'objet de son amour

25*

maternel les déchiremens de cette dernière séparation.

Elle expira le 22 Septembre.

M. Bouilly a prononcé un discours touchant sur sa tombe.

Les lettres ont perdu M. Giraud, auteur d'Aristippe, que sa probité et son beau caractère ne recommandaient pas moins que ses connaissances et ses talens.

Il est mort le 26 février.

M. Pujoulx, auteur du souper de famille, et de plusieurs autres ouvrages, homme de beaucoup d'esprit et d'un esprit fort cultivé, est mort le 15 avril, laissant des vifs regrets à tous ceux qui ont pu le connaître et apprécier sa droiture et son extrême probité.

Basnage, jeune acteur du théâtre de la Gaîté, dont le jeu fin et comique a contribué au succès d'une foule de petites comédies et de vaudevilles, s'est tué d'un coup de pistolet le 3 mars, à Versailles, auprès de la pièce d'eau des Suisses. On attribue cet acte de désespoir à un reproche indiscret qui lui troubla l'esprit.

JOURNAUX,

spécialement consacrés au théâtre et à la littérature.

LE MIROIR des spectacles, des lettres, des mœurs et des arts.

Le prix de l'abonnement, avec quatre gravures par mois, est, pour Paris, de 6 francs pour un mois, 15 francs pour trois, 27 francs pour six , et 58 francs pour l'année.

Les bureaux sont : rue Notre-Dame des Victoires , n. 4o.

Le Journal des théâtres , de la littérature , des arts , des mœurs et des modes.

Le prix de l'abonnement est de 6 francs pour un mois, 13 francs pour trois, 26 francs pour six, et 5o francs pour l'année.

Les bureaux sont rue J.-J. Rousseau , n. 21.

Le Courrier des spectacles ; littérature, arts mœurs et modes.

Le prix de l'abonnement est de 6 francs pour un mois, 13 francs pour trois, 26 francs pour six, 5o francs pour l'année.

Les bureaux sont rue Montmartre, n. 167.

Ces trois feuilles paraissent tous les jours et donnent le nom des acteurs.

LIBRAIRIES DRAMATIQUES.

La plus considérable de Paris, et sans doute de l'Europe, est celle de J. N. Barba, au Palais-Royal, n. 51, derrière le théâtre français.

Son immense collection comprend jusqu'aux mystères. Peu de pièces sont jouées sur nos théâ-tres, que J.-N. Barba ne les imprime, et c'est à juste titre qu'on l'a surnommé la providence des auteurs dramatiques.

Nous lui devons la belle édition in-8° des œuvres complètes de M. Picard. Il est propriétaire de celle du piquant et spirituel Pigault-Lebrun, dont il prépare aussi une édition complète ; enfin on trouve chez lui une foule d'autres ouvrages, et toutes les noûveautés ; notamment cette belle tragédie du *Paria*, qui a obtenu un succès si brillant et si mérité.

Il a acquis depuis quelque temps la curieuse collection de pièces de théâtre de Villemain Dabancour. Cet homme de lettres avait mis 40 ans à la completter. Elle comprend depuis les mystères jusqu'aux moindres ouvrages représentées même sur les théâtres de société, jusqu'à l'année 1803.

Le catalogue de J.-N. Barba se distribue gratis à son magasin du Palais-Royal.

AGENCES DRAMATIQUES.

Fondés de pouvoirs des Auteurs.

MM. Prin, rue Vivienne, n. 15.

Richomme, *idem.*

Correspondans des Acteurs et Directeurs-de-spectacles.

MM. L. Raymond, rue Montmartre, n. 41.

Védel , rue Croix-des-Petits-Champs , n. 43.

Arnaud, rue Croix-des-Petits-Champs , n. 27.

Duverger , rue des Colonnes , n. 12.

Vizentini, rue du Caire , n. 26.

Noury , rue Saint-Honoré , n. 90.

———————

Quelques unes des personnes à qui nous avons communiqué le plan de cet almanach, ayant paru désirer que les jours où l'on peut visiter nos établissemens publics y *fussent indiqués ,* nous nous faisons un devoir de les satisfaire.

Hôtel-Royal des Invalides.

Tous les jours, depuis 10 heures du matin jusqu'à 4 du soir.

Hôtel des Monnaies.

Idem.

Musée Royal au Louvre.

Le samedi et le dimanche, de 2 à 4 heures.

Bibliothèque Royale, rue Richelieu.

Tous les jours, pour les travailleurs ; pour les curieux le mardi et le vendredi de 10 heures à 2.

Jardin du Roi.

Les galeries, bibliothèques et cabinets : le mardi et le vendredi de 3 à 5 heures.

Conservatoire des Arts et Métiers, rue Saint-Martin, n. 108.

Les dimanches et jeudis de 10 à 4 heures.

Manufacture des Gobelins.

Le samedi, de 2 heures à la fin du jour.

TABLE

DES MATIÈRES.

Fin de la Table.

OÚVRAGES

ŒUVRES DE L. B. PICARD, de l'Académie française, 10 vol. in-8°, avec un portrait. Belle édition imprimée par Firmin Didot. Prix : 7 fr. le volume. Sept paraissent en ce moment ; le huitième paraîtra à la fin de décembre ; l'ouvrage sera terminé en février.

Il est inutile de rien ajouter à ce que les journaux ont écrit du mérite matériel de cette édition. Quand au mérite de l'auteur, sa réputation classique et européenne dispense de tous les éloges. On sait qu'il n'est point d'auteur dramatique vivant dont le théâtre mérite une place plus distinguée dans la bibliothèque des gens de goût.

Le même libraire se propose de publier les Œuvres de M. Alexandre Duval, membre de l'Institut (Académie française). La Collection de ces œuvres comprendra non-seulement les pièces de théâtres représentées, mais encore un très-grand nombre de pièces qui , bien que reçues à différens théâtres , n'ont pu être jouées par suite de circonstances indépendantes de la volonté de l'auteur.

Les Œuvres de M. Alexandre Duval formeront 8 vol. in-8º, et seront imprimées par MM. Firmin Didot père et fils , sur papier et avec des caractères pareils à ceux des Œuvres de L. B. Picard. On souscrit chez Barba où l'on distribue le prospectus.

Sous presse.

ESSAI SUR LA PHILOSOPHIE DES LANGUES, ou THÉORIE DE L'ALPHABET NATUREL', un vol. in-8º, par Charles Nodier ; paraîtra dans le courant de février.

Cet ouvrage est le fruit de vingt années de travaux.

LE BEAU-PÈRE ET LE GENDRE , ou PI-GAULT-LEBRUN, ET VICTOR AUGIER , 2 vol. in-12 , par Pigault-Lebrun. Cet ouvrage paraîtra dans le courant de janvier.

Le premier volume contient la guerre aux mots , la vie et la mort du maréchal Brune , lettres critiques d'un Illinois à Paris, et du voyage de Vénus, dont quelques journaux ont parlé. Ces pièces ont été lues en séance publique.

Le deuxième volume contient une aventure galante de Childéric.

SUZANNE ou LES DEUX FIANCEES, par Victor Ducange, auteur d'Agathe, ou le Petit Vieillard de Calais ; d'Albert, ou les Amans Missionnaires et de Valentine, ou le Pasteur d'Uzès, 4 vol. in-12, fig., précédé de son jugement à la cour d'assises. *Ce roman paraîtra en février.*

LE SOLDAT LABOUREUR, 2 vol. in-12, avec figures, par L. J. Dumersan, auteur de plusieurs jolis vaudevilles. La simplicité des mœurs du brave Francœur est aussi touchante sous le toit maternel que son courage a été remarquable pendant vingt-cinq ans dans les champs de l'honneur. *Cet ouvrage paraîtra à la fin de février.*

ŒUVRES

COMPLÈTES

DE PIGAULT - LEBRUN,

VINGT VOL. IN-8°,

IMPRIMÉS PAR FIRMIN DIDOT,

Ornés du portrait de l'Auteur.

Lorsque depuis deux ans tous les romanciers anglais et allemands ont une faveur qui ressemble à la folie, il est peut-être national de penser que le premier de nos romanciers modernes, le piquant et spirituel auteur d'*Angélique et Jeanneton*, des *Barons de Felsheim*, de *M. Botte*, de *l'Enfant du carnaval* et de vingt autres conceptions qui caractérisent un observateur profond, obtiendrait enfin les honneurs d'une édition de ses œuvres, qui permette aux amateurs de les placer dans leurs bibliothèques, entre Lesage et Fielding. Cette entreprise était commandée par la reconnaissance et par l'esprit national , áu libraire , qui , depuis vingt-six ans , a peine à suffire aux désirs du public, pour les ouvrages de M. Pigault-Lebrun. Un nombre très-considérable d'éditions de ses romans , a tellement consacré le mérite et la réputation de cet auteur, qu'un recueil complet de ses œuvres peut être aujourd'hui considéré comme une collection classique dans son genre.

Cette édition paraîtra par livraison de deux volumes ; chaque volume sera de 55o pages et coûtera 8 francs aux souscripteurs.

Pour être souscripteur il suffit de se faire inscrire , sans rien payer d'avance et de s'engager à retirer les livraisons à mesure qu'elles paraîtront.

La première sera mise en vente à la fin de février prochain.

On souscrit à Paris , chez BARBA , libraire au Palais-Royal , *derrière le Théâtre Français* , n. 5.

Et chez les principaux libraires de la France et de l'étranger.

La collection se compose des ouvrages suivans , classés dans l'ordre qu'ils ont paru. (*)

L'Enfant du carnaval, 3 vol. in-12, nouv. fig.

____

(*) Chaque ouvrage se vend séparément.

Les Barons de Felsheim , 4 vol. in-13 , nouv. fig.

Angélique et Jeanneton , 2 vol. in-12 , fig.

Mon Oncle Thomas , 4 vol. in-12 , fig.

Cent-vingt jours , contenant : Théodore, ou les Péruviens ; M. de Kinkliu ; Métusko , ou les Polonais ; Adèle et Dabligny , 4 vol. in-12 , fig. Chacun de ces ouvrages se vend séparé-ment.

La Folie espagnole , 4 vol. in-12 , fig.

M. Botte, 4 vol. in-12 , fig.

Le Citateur , 2 vol. in-12.

Jérôme, 4 vol. in-12.

Théâtre et poésies, 6 vol.

La Famille de Luceval , 4 vol. , fig.

L'Homme à projets , 4 vol.

M. de Roberville , 4 vol.

Une Macédoine . 4 vol.

Tableaux de société, 4 vol. , portrait de l'au-teur.

Adelaïde de Méran , 4 vol.

Mélanges critiques et littéraires , 2 vol.

Le Garçon sans-souci , 2 vol , fig.

L'Officieux, ou les Présens de noce, 2 vol. fig

L'Égoïsme , ou nous le sommes tous , 2 vol.

M. Martin ou l'observateur, 2 vol.

OUVRAGES NOUVEAUX.

Promenade de Dieppe aux Montagnes d'Écosse, par M. Charles Nodier, un joli volume in-12, imprimé par M. Firmin Didot, sur très-beau papier, orné de trois vignettes par Isabey ; les deux planches de plantes, par M. Borry de Saint-Vincent, d'une carte itinéraire de M. de Cailleux : et d'un portrait de chef de Klan. Prix 7 fr.

Ce petit ouvrage peut être donné en étrennes C'est un bon et joli volume, la deuxième édition ne tardera pas à paraître.

Ligue des Nobles et des Prêtres contre les peuples et les rois, depuis le commencement de l'ère chrétienne jusqu'à nos jours, ou tableau des conspirations, révolutions, détrônemens, actes arbitraires, jugemens iniques, violations de lois, etc., etc., dont les privilégiés se sont rendus coupables : ouvrage où l'on trouvera des détails intéressans et des considérations nouvelles sur le pouvoir absolu des Druides; la conduite séditieuse des évêques anglais Wilfrid, Dunstan, Langton et Thomas de Cantorbéry ; le massacre de la Sainte-Brice, l'exil du Cid, la donation de l'Angleterre au Pape, la querelle des investitures, l'union d'Arragon, la fondation de la liberté helvétique, le serment de révolte de Castille; Cola Rienzi, restaurateur de la liberté romaine; la persécution des Lollards et des Réformés, le soulèvement des Copyholders, la ligue et la fronde, la mort du czarowitz Alexis, les révolutions de Danemarck, de France et d'Espagne, etc. Par M. Paul de P...., 2 vol. in-18. Prix : 10 fr.

Cet ouvrage, extrait des Annales de l'Europe, pourrait s'appeler le *Citateur historique.*

La censure n'en a pas permis l'annonce ni l'analyse. Cet ouvrage se recommande par le soin que l'auteur a mis dans le choix des matériaux.

Le Cuisinier Royal, dixième édition, par MM. Niard et Fouret. Un gros vol. in-12, orné de figures pour le service des tables, depuis douze jusqu'à cent couverts. Prix : 7 fr. 50 c.

Fêtes et Courtisanes de la Grèce, supplément aux Voyages d'Anacharsis et d'Anténor, comprenant : 1º la Chronique religieuse des anciens Grecs, Tableau de leurs mœurs publiques ; 2º la Chronique qu'aucuns nommeront scandaleuse, Tableau de leurs mœurs privées ; 3º la Description des danses grecques, etc.

Quatrième édition, 4 gros volumes in–8º, ornés de figures et de musique. Prix : 24 fr.

Cet ouvrage manquait depuis long–temps, et
vient d'être réimprimé.

Histoire de la Révolution de France,
depuis. l'assemblée des notables en 1787 ; jusqu'à l'abdication de Napoléon Bonaparte, par
Fantin Desodoards. Septième édition, 6 vol.
in–8º. Prix : 30 fr.

« Présentant le tableau des horribles excès
» auxquels se livraient les Jacobins, sous pré-
» texte de comprimer les *aristocrates* ; forcé
» par l'impartialité de l'histoire de convenir des
» réactions exercées par les ennemis du jaco-
» binisme, j'observais, nous dit M. Fantin
» Desodoards, dans sa préface, qu'elles étaient
» l'ouvrage non des royalistes attachés à un
» gouvernement modéré, mais d'une classe
» d'hommes livrés à des passions incandescen-
» tes, cachés sous un voile de royalisme, qui
» se proposaient de rétablir tous les abus de la
» féodalité condamnés en France par la voix
» publique. »

L'auteur a terminé sa carrière à l'âge de
quatre-vingt-deux ans , peu de jours après
avoir revu cette septième édition.

ERRATA.

Page 18 , dernière ligne , au lieu de *Steibel* ; lisez : *Steibelt.*

Page 22 , ligne 23 , au lieu de *Lachintz* ; lisez : *Lachnitz,*

Page 28 , ligne 11 , au lieu de *Ménier* ; lisez , *Chénier.*

Page 67 , ligne 3 , au lieu de *en un acte* ; lisez : *en cinq actes .*

Page 283 , ligne 2 , au lieu de *Dupuis* ; lisez : *Dupin.*